정치와 헌법

-입헌민주주의의 기초-

빈프리트 하쎄머 저

이상돈 · 주현경 역

세창출판사

저자서문

1998년 나의 제자 배종대 교수와 이상돈 교수는 형법 및 형사소송법에 관한 나의 논문과 강연문을 한국어로 번역해 「형법정책. 법치국가와 형법」을 출판해 내었다. 나는 그 당시 한국어 출판을 위해 내 논문을 선별해 낼 때, 형법 도그마틱에 한정되지 않고 치안, 형사정책 및 형법의 기초와 관련된 논문들을 골랐었다. 그래서 그 책의 제목에서 이러한 점을 표현해 낸 것이다.

이번 책을 위한 논문은 단순하고 명료한 근거로 선별해 내었다. 학문적 목적으로 한국을 방문했을 때, 그리고 또 한국의 동료들과 다시 접촉할 때마다, 나는 한국의 지식인들이 고유의 법체계를 넘어서서 법의 철학적·사회학적 근원에 대해, 그리고 법발생과 법실현의 정치적 조건들에 대해 역동적인 관심을 보이고 있는 것을 알게 되었고 이에 깊은 감명을 받았다. 이미 배종대 교수와 이상돈 교수가 각각 법치국가에서 "형법상 보안처분의 비례성원칙에 대하여" 그리고 "형법적 헌법에서 명확성 원칙과 문언 이해의 조건에 대하여" 프랑크푸르트에서 출판한 박사논문에서도 읽어낼 수 있는 이러한 법의 근본적 정당화 및 실제적 작용방식에 대한 관심을 한국의 학문적 논의에서 항상 강하게 느꼈다.

입헌민주주의의 기초에 대해 서술하고 있는 이 작은 책에는 우선 그 사이에 일어난 변화들이 투영되어 있다. 이상돈 교수의 제자 주현경은 현재 나의 학문적 지도 아래 요한 볼프강 괴테 대학교(Johann Wolfgang Goethe-Universität)에서 박사논문을 쓰고 있으며, 이상돈 교수는 얼마 전 「헌법재판과 형법정책」이라는 책을 펴냈고, 그의 형법적 연구를 헌법 영역에까지 확장해 내었다. 이는 때마침 내가 경험하고 있는 바와 잘 맞아 떨어진다. 나는 1996년부터 독일 연방헌법재판소(Bundesverfassungsgericht)의 재판관으로 재직 중이며, 2002년부터는 2부 재판장으로 일하고 있다. 연방헌법재판소 2부는 그 과제영역에 의해 국가법원(Staatsgerichtshof)으로서 설치되어 있다. 몇 년 전부터 헌법재판소 재판관으로서 나의 관할은 특히 형법과 형사소송법에 있는데, — 누구나 생각해 볼 수 있듯이, 여기서는 형사소송법이 실체 형법과의 관계에서 매우 빈번하게 헌법적 문제를 야기하고 있다.

헌법재판관으로서의 활동에 따르는 필연적 귀결로써, 나의 학술논문의 중점이 옮겨졌다. 1998년에 발행된 「형법정책. 법치국가와 형법」에서 이미 증명된 것처럼, 역사, 철학, 사회과학 및 헌법으로부터 나오는 문제제기는 이미 예전의 나의 학문적 수단들에 속했다. 하지만, 매일매일 법관으로서 일하는 것, 즉 집결된 문헌들을 통해, 그리고 재판소의 다른 동료들과의 심의 및 토론을 통해 내 사고의 이러한 경향은 다시 한 번 더욱 강해졌다 — 특히 법원에서 심의되고 판결되어야만 했던 사안들과 사건의 상태들은 이러한 경향을 또한 뒷받침하였다. 구체적 사건을 관찰하고, 의무와 결합시키고, 이러한 사건에 대해 구속력 있는 판결을 하는 일은 법관으로서 대답해야만 하는 질문들에 대한 학문적 연구를 매우 촉진시킨다. 이런 경험은 모든 형법이론가들로 하여금, 그 자신이 법관으로서 또는 (형사소송) 변호사로서 언젠가는 실무의 관점에서 자신의 분야에 대한 문제제기에 대해 몰두하게 만든다.

이 책에서 전개된 고찰의 이면에는 두 가지 근본적인 질문이 존재한다. 헌법과 헌법재판이 한 나라의 정치, 사법 및 문화에서 행하는 역할이 커질수록 이 근본 질문은 그만큼 더 긴급하고 강렬해진다. 그 역할이 적으면 헌법과 헌법재판은 적게 고려되고, 따라서 그런 질문도 덜 어렵다. 하지만 예를 들어 독일에서처럼 헌법과 헌법재판이 의미 있는 역할을 한다면 이 질문은 상당한 폭발력을 발휘할 수 있다. 첫 번째 근본 질문은 정치, 민주주의 및 규범적 기초과학에 대한 헌법 및 헌법재판의 관계에 지향되어 있다. 두 번째 근본 질문은 헌법이 한 사회의 규범적 구조를 공동으로 결정하고, 또 그것이 허용되는 방식과 방법에 지향되어 있다.

무엇보다도 민주주의와 헌법재판의 관계는 하나의 문화 속에 있다. 이 문화는 영향력이 큰 헌법과 강력한 헌법재판을 인지하고 있으며, 하나의 살아있는 긴장 영역이다. 이러한 관계는 —민주적 공동체에서 기초가 되는 범주인— 다수의 역할을 통해 정해진다. 독일에서처럼 의회의 다수 결정을 헌법 위반이라고 할 수도 있는 강력한 헌법재판은 국가권력의 이러한 시스템의 민주적 구조에 대한 질문을 제기하게 하고, 우리가 "입헌민주주의"라고 명명하는 것의 이론적 기초와 실천적 균형을 요구한다. 이는 다시금 공동체의 특별한 역사와 그 공동체의 특별한 문제들(독일의 경우 나치의 불법법률에 대한 경험)을 살펴보지 않고는 성취될 수 없다. 그리고 바로 이러한 경험이 —이 책에서도 마찬가지로 논의된— 그러한 문제들 앞으로 우리를 이끈다. 이 문제들은 특수한 질문에 대해 대답할 때 헌법의 철학을 그대로 남겨 둘 수 있는 그러한 특수한 여지를 가지고 있다. 물론 "법률형식을 띤 불법"이라는 표현방식이 이러한 철학을 이미 집약적으로 연구하였고 그것으로부터 구체적인 결과물을 이미 이끌어 내었다 하더라도 말이다.

헌법이 공동체의 정치, 사법 및 문화에서 큰 역할을 수행한다면, 예를 들어 규범적 사회 이해에 대한 공적 담론에서 근본 원칙과 헌법 규범을 원용하는 것이 인기 있고 이것이 성공적인 논증으로 취

급된다면, 이는 기본법의 이러한 의미를 만족시키는 근거가 되는 것만은 아니다. 여기에는 또한 그것이 지나치게 과도하게 사용됨으로써 헌법의 근본원칙과 규범들을 가치 절하시킬 위험이 함께 존재한다. 이러한 현상을 현재 독일에서, 특히 생명과학과 의료 윤리 영역에서 (인간 복제, 출생 전 진단 등) 관찰할 수 있다. 이 책에서 주장하고 싶은 바는, 헌법의 근본개념들이 가진 힘을 헛되이 쓰지 않고 사실적 논증에 대한 공적 담론에 집중하기 위해, 헌법의 근본 개념들을 소중히 그리고 명확하게 다루자는 것이다.

2005년 9월

프랑크푸르트 암 마인에서

빈프리트 하쎄머

역자서문

최근 우리 사회에서 헌법재판은 사법이나 정치보다 더 관심을 끌며, 더 큰 힘을 발휘하는 모습을 보여주기도 한다. 그 큰 관심과 힘에 비해 헌법재판이 어떤 것이며 어떠해야 하는지에 대한 학문적 논의는 — 물론 국내 헌법학자들이 많은 연구를 착실히 쌓아가고는 있었지만 — 아직은 충분하지 않다. 그래서 나도 얼마 전 「헌법재판과 형법정책」(고려대출판부, 2005)이라는 연구서를 내놓아 그런 논의를 풍부하게 만드는 데 기여를 하고자 노력했다. 그런 작업에 이어 이번에 다시 방한하는 독일 연방헌법재판소 재판관(부소장)인 빈프리트 하쎄머(Winfried Hassemer) 교수(독일 프랑크푸르트 대학)의 「정치와 헌법」이라는 이 책을 엮어 펴내게 되었다.

하쎄머 교수는 세련되고 감각적인 독일어로 법학을 수행하는 대표적인 학자로 이름나 있다. 많은 사람들이 고답적인 법학문체를 살아있는 삶의 언어로 대체하였다고들 말한다. 또한 하쎄머 교수는 이론에 바탕을 두고, 일관성 있는 논증으로 무장한 채 합리적인 법정책을 제안하는 정책가로도 유명하다. 그의 그런 정치적 감각은 헌법재판관으로서 오늘의 하쎄머를 있게 하는 데 밑거름이 되었을 것이다. 하쎄머 교수는 연방헌법재판소 재판관으로 10년을 보냈다.

그간 세계 여러 나라에서 명예박사학위도 받았고, 수많은 강연도 하였다. 그 강연들 가운데 헌법재판과 정치 및 헌법이라는 주제를 맴도는 그의 대표적인 글 몇 편을 모아 이렇게 책으로 내게 되었다. 「정치와 헌법(Politik und Verfassung)」(부제: 입헌 민주주의의 기초, Fundamente der konstitutionellen Demokratie)라는 책명도 하쎄머 교수가 스스로 붙였다. 이 책이 법학의 발전은 물론이고 정치발전도 함께 가져오는 데 작은 밑거름이 될 수 있기를 기대해본다.

번역에는 크고 작은 오류가 남아 있을 것 같다. 역자들의 역량에서 비롯된 것일 수도 있고, 번역 자체의 일반적인 한계에서 비롯된 것일 수도 있으며, 하쎄머 교수의 감각적인 표현이 가져오는 뉘앙스 살리기의 어려움 때문일 수도 있다. 독자들의 넓은 이해와 아량을 기대하며, 독자들의 조언을 바탕으로 더 나은 번역을 위해 노력할 것임을 약속한다.

2005년 어느 여름날

이상돈 · 주현경

차 례

[4] 근본적인 개념, 인간존엄에 의한 논증

[1] 헌법 속의 자연법

Ⅰ. 헌사(獻詞)

유럽의 범죄학자와 법정책가들에게 '슈테판 트렉셀(Stefan Trechsel)'이라는 이름은 항상 인권 보호와 연결된다. 우선 한편으로는 그가 1975년 이후로 유럽 인권위원회(Europäische Menschenrechtskommission)의 위원이었고, 오랫동안 부(副)위원장 및 부(部)위원장을 역임했으며, 마지막에는 1995년부터 1999년까지 위원장직을 맡았다는 점에서 이는 당연하게 여겨진다. 또 한편, 그가 항상 인권 보호와 연결되는 것은 그의 학문적인 출판물들 덕택이기도 하다.

트렉셀은 형법적 개념형성 및 법률해석이라는 좁은 영역에서 더 나아가 이를 광범위하게 둘러싸고 있는 영역에서 형법도그마틱의 윤곽을 묘사해 냈다. 이러한 영역에서 인권은 불가피하게 구성적·논증적으로 새롭게 수용되었다. 이는 스위스 형법에 대한 그의 두 가지 큰 작업이 증명하고 있다: 스위스 형법전 주석서[1]와 '페터 놀(Peter Noll)'로부터 이어받은[2]

---

1) Stefan Trechsel, Schweizerisches Strafgesetzbuch, Kurzkommentar, 2. Aufl., Zürich 1997: 이 책에서 예를 들어 제75조

형법총론[3] 두 권이 바로 그것이다. 또한 트렉셀은 — 늘 분석적인 관심이라기보다는 자신이 비판한 것들이 변화되기를 희망하면서 — 형법도그마틱과 형사정책적 논의에 참가하였는데, 이러한 수많은 개입에서도 그의 새로운 인권 구성 경향은 분명하다.[4] 따라서 친구이자 동료인 트렉셀의 법학영역에 대한 통찰력에 존경을 표현하는 것은 적절한 일인 듯 하다. 그가 조망한 법학 영역에서는 일반적으로 구분되어 있는 분과들(이러한 단순한 구분짓기는 체계적인 개요나 법률가 양성교육에는 도움이 될 수 있지만, 당면한 문제를 해결하는 데에도 항상 도움이 되는 것은 아니다)이 끊임없이 서로 겹쳐지려 한다: 다시 말해 그가 바라본 법학 영역에서는, 형법·헌법·법철학, 학문과 실천, 국내법과 유럽법이 일련의 관련성을 가지며, 여기에 또 역사와 정치가 반영된다.

〈국경수비대〉판결과 〈국가범죄[5]〉판결의 복잡

시효 없는 범죄에 대한 해설 및 논평을 참조.

2) Stefan Trechsel/ Peter Noll, Schweizerisches Strafrecht, Allgemeiner Teil I, Allgemeine Voraussetzungen, Vorwort zur 2. Aufl., Zürich 1986.

3) Stefan Trechsel/ Peter Noll, Schweizerisches Strafrecht, Allgemeiner Teil I, Allgemeine Voraussetzungen der Strafbarkeit, 5. Aufl., Zürich 1998: 이 책에서 예를 들어 12 C조 합법성원칙을 참조.

4) 예를 들어 Stefan Trechsel, Haustyrannen〈mord〉- ein Akt der Notwehr?, KritV, Sonderheft, 2000, 183 ff.에서는 무엇보다도 피해자의 인간으로서의 존엄성이 침해되었다는 논증으로 사안을 해결한다(186 ff.). "비유적으로 말하자면: 그는 못이 녹슨 구두로 두 여인과 자식의 인간존엄성을 끊임없이 짓밟았다"(190).

성에서 비롯된 특수한 측면이 문제가 된다. 이러한 복잡성에 대해 학문적으로 논의되고 있는데, 이 논의들은 그 동안 크게 증가했고, 특별히 토론할 만한 것이다.[6] 형사부 판결[7] 외에 형사사건에 대한 연방법원(BGH)의 판결,[8] 연방헌법재판소(BVerfG)의 판결[9] 그리고 유럽인권법원(Europäische Gerichtshof für Menschenrechte)의 판결들[10]이 있으며, 이 판결들이

---

5) 국가범죄(staatsverstärkte Kriminalität)라는 표현은 Wolfgang Naucke, Die strafjuristische Privilegierung staatsverstärkter Kriminalität, Frankfurt a. M. 1996에서 유래한 것이다.

6) Klaus Lüderssen, Der Staat geht unter - das Unrecht bleibt?, Regierungskriminalität in der ehemaligen DDR, 1. Aufl., Frankfurt a. M. 1992; Herwig Roggemann, Systemunrecht und Strafrecht: am Beispiel der Mauerschützen in der ehemaligen DDR, Berlin 1993; Uwe Wesel, Der Honecker-Prozess, Ein Staat vor Gericht, Frankfurt a. M. 1994, 33 ff., Robert Alexy, Der Beschluss des Bundeserfassungsgerichts zu den Tütungen an der innerdeutschen Grenze vom 24. Oktober 1996, Göttingen 1997; Knut Amelung, Die strafrechtliche Bewältigung des DDR-Unrechts durch die deutsche Justiz: ein Zwischenbericht, Dresden 1996, 11 ff.; Hennig Rosenau, Tödliche Schüsse im staatlichen Auftrag: die strafrechtliche Verantwortung von Grenzsoldaten für den Schusswaffengebrauch an der deutschdeutschen Grenze, 2. Aufl., Baden- Baden 1998; Jörg Arnold (Hrsg.), Strafrechtliche Auseinandersetzung mit Systemvergangenheit: am Beispiel der DDR, Baden-Baden 2000.

7) BGHSt 40, 218(219 ff. - 확정; 228 ff. - 법집행)에 폭넓게 보고되었다.

8) 1994. 07. 26 판결. 같은 날의 BGHSt 40, 218; 40, 241 판결. 이 판결에 앞서 BGHSt 39, 1과 39, 168 판결에서 처음으로 논거가 제시되었고, 그 뒤의 판결들은 앞선 결정들을 참조하라고 지적하고 있다.

9) 1996년 10월 24일 연방헌법재판소 2부 결정, BVerfGE 95, 96.

나의 연구소재들이다.[11] 그렇지만 나는 여기서 이들을 한 가지 방식으로만 다루려 한다.[12] 이 한 가지 방식은 위에서 언급한 모든 판결의 중심 소재들을 논증하는 데 필요한 것으로, "형법적 금지에 대한 엄격한 소급적용의 금지를 제한하는 것은 정당화될 수 있는가? 법률의 형식을 지닌 불법, 다시 말해 〈법률적 불법〉이 있는가? 그리고 〈법률의 형식을 지닌 불법〉이라는 언명은 이미 자연법이 존재한다는 가정을 부득이하게 전제하고 있는 것인가 — 그렇지 않다면 어디서부터 법률이 불법 상태일 가능성을 찾을 수 있는가?"라는 것이다.

Ⅱ. 단 계

1. 법적 상황

완전히 자연법의 시대인 때가 있었다. 그것은 언제나 한눈에 그렇게 보였고, 몇몇은 또한 실제로

---

10) 2001. 03. 22 판결 - 항고번호 34044/ 96, 35532/ 97, 44801/ 98 - Streletz, Kessler und Krenz gegen Deutschland, EuGRZ 28 (2001) 210.

11) 연방헌법재판소의 2부 결정에 내가 참여했었고, 이는 만장일치로 판결되었다. BVerfGE 95, 96 (143).

12) 내가 폭넓게 진술한 문헌으로 Staatverstärkte Kriminaliät als Gegenstand der Rechtsprechung, Grundlagen der 〈Mauerschützen〉 - Entscheidungen des Bundesgerichtshofs und des Bundesverfassungsgerichts, in: Festgabe aus der Wissenschaft, 50 Jahre Bundesgerichtshof, Bd. 4, hrsg. von Claus-Wilhelm Canaris, München 2000, 439 ff.

그렇게 보았다.[13] 다시 말해, 형법 도그마틱 방법에 따라 다음과 같은 질문을 던짐으로써 법적 상황을 구성해 볼 수 있다: 실정형법이 — 또는 헌법적 명령마저도 — 특정한 상황에서 자신의 명령을 상위법 뒤로 물러나게 해야 하는가. 성문화된 법을 배제시키고 폐쇄시키거나 적어도 특정한 상황에서 성문화된 법을 뛰어넘을 수 있는 법원(法源)이 존재하는가.

우리가 법치국가 형법의 두 가지 기본원칙을 확실히 알고 있다면, 이러한 법적 상황[14]은 단순하고 명확해 보인다. 체제변화를 목적으로 삼는 정치적 동기를 가진 범죄 상황에서 이 기본원칙들이 문제로 떠오른다.

(1) 법치국가성　　첫 번째 원칙은 다음과 같은 내용이다. 구조적으로 법치국가성과 인권을 침해했던 그런 체제에서 중요한 위치를 차지했던 대표자들의 행위를 형사소추하고 유죄판결 하는 과정에서도, 법치국가의 규준을 낮추는 일은 절대 있을 수

---

13) 이러한 입장을 호의적으로 바라보는 Herbert Tröndle, Strafgesetzbuch und Nebengesetze, 48. Aufl., München 1997, § 3 N 49 ff., N 52 ff.; 완전히 실증주의적인 견해부터, 이른바 온건한 실증주의적 견해, 그리고 자연법적으로 근거지은 입장까지, 각각의 견해들이 주장하는 내용을 실제적으로 개관하고 있는 문헌으로 Albin Eser, in: Adolf Schönke/ Horst Schröder, Strafgesetzbuch, Kommentar, 26. Aufl., München 2001, Vorbem. §§ 3-7, N 100 ff.(언제나 그에 걸맞은 증명을 곁들이고 있다).

14) 이러한 법적 상황은 BGHSt 39, 1 (8 ff.)에 알기 쉽게 설명되어 있고, BVerfGE 96, 96 (111 ff.)에 짧게 서술되어 있다.

없다는 것이다.[15] 피고인들이 이전에 다른 이들에게 가했을지도 모르는 일들이 이제 다시 그들 자신에게 일어난 것에 불과하다는 논거로 법치국가적 규준을 낮추는 것을 정당화하는 논증에는, 적어도 우리 형사소송과 형벌이론에서 기초가 되는 두 가지 원칙이 결여되어 있다: 통속화되고 오해되기까지 한[16] 탈리오의 원칙에 근거하여 불법과 책임에 따라 〈보복하는 것〉이 형사소송과 형벌목적 확정에 있어 중요한 것은 아니다. 그보다는 오히려 당사자 인권, 그리고 구체적인 사안에서 형사절차의 사법형식성을 공개적으로 확보, 유지하며 보전해주는 것이 중요하다. 만일 국가가 인권침해에 대해 책임 있는 사람들에 대한 형사절차에서 그들의 인권보호 수준을 낮춘다면, 국가가 형사 소추함으로써 그 법령위반행위들은 국가 자신의 체계 안에 이어지는 것이 되고 아울러 그 체계를 부패시키게 된다는 점을, 국가는 감수해야 할지도 모른다. 이것은 단기적으로는

---

15) 이에 대해 상세하게는 국가범죄에 대한 나의 논문(각주12) 452 f., 457을 참조.

16) 탈리오는 더 정확한 연구를 통해 증명된 것처럼, 잔인화 도구도 아니고 단순히 범죄에 대한 반응을 더 격하게 만드는 것도 아니다. 오히려 반대로, 탈리오는 수위를 넘게 반응하지 않도록 규범적으로 억제하려고 한다. 피해자의 눈이 피해를 입었을 때는 오직 범행자의 눈만 그 책임을 질 뿐이다(범죄자의 생명으로 책임을 지는 것이 아니다). in: Udo Ebert, Talion und Vergeltung im Strafrecht, in: Recht und Moral, Beiträge zu einer Standortbestimmung, hrsg. von Heike Jung/ Heinz Müller-Dietz/ Ulfried Neumann, Baden-Baden 1991, 249 ff.(257 f.)를 더 참조.

소박한 도덕의 승리일 수 있지만, 장기적으로는 법치국가 형법이 취해야만 하는 중요한 임무인 사회통제의 정형화[17]를 위태롭게 할지도 모른다. 따라서 이 상황에서 피고인이 과거에 인권적대적이었다는 점을 이유로 무조건 상위법을 도입할 수는 없다. 그 상위법이 설령 근거지어질 수 있는 것일지라도, 그리고 그 상위법이 어디에서 나오는 것이든 말이다.

이 기본원칙을 받아들이면 두 번째 원칙이 이에 바로 뒤따르며, 첫 번째 원칙이 말하고자 하는 바를 곧장 실현시킨다. 두 번째 원칙은 피고인들을 관대한 법(lex mitior)이라는 원칙에 따라 다루어야 한다는 인간친화적 요구이다. 다시 말해 고려할 수 있는 여러 가지의 법률 중에서 구체적 사안에서 가장 적은 부담을 주는 법률에 따라 피고인을 다루어야 한다는 것이다.[18] 여기서 꼭 해보아야 하는 일은 아니지만, 구동독(DDR)과 현 독일연방공화국의 법상태를 형법 도그마틱적으로 비교해 본다면,[19] 가장 관대한 법은 현행 연방독일형법전의 살인죄 구성요건이다. 그러나 여기에서는 이러한 비교분석이 중요한 것은 아니다. 핵심형법의 구성요건들은 어차

17) 정형화 개념에 대해서는 나의 Einführung in die Grundlagen des Strafrechts, 2. Aufl., München 1990, § 30 II.

18) 독일형법(StGB) 제2조 3항. 행위자에게 최대한 유리하게 적용해야 한다는 의미에 대해서는 Winfried Hassemer, Kommentar zum Strafgesetzbuch, Bd. 1, § 2 N 16 ff.; 그 기준에 대해서는 앞의 책; N 24 ff.

19) BGHSt 40, 218 (228 ff., 231)에서 이렇게 비교되었다.

피 서로서로 비슷하다. 그리고 정치, 경제, 이념적으로 서로 다른 영역의 체계 사이에서 규범은 더욱 또렷하게 차이가 나지만, 이러한 규범적 불일치가 핵심형법의 구성요건에는 거의 반영되지 않기 때문이다. 관대한 법(lex mitior)의 문제는 구성요건에서가 아니라 정당화 차원에 놓인 문제였다.

(2) 정 당 화　　　이와 관련해서 구체적으로 구동독 국경법(Grenzgesetz) 제27조 2항이 문제되었다. 우선 대략적으로 말하자면, 이 규정은 범죄를 막기 위한 총기사용을 정당화했다.[20] 그리고 허용되지 않은 국경탈출은 구동독 형법전 규정상(제213조 3항) 범죄였고, 피고인들은 허용되지 않은 국경탈출을 저지하기 위해 총을 쏘았다.[21] 법적 상태는 그렇게 분명한 상태였다: 따라서 피고인은 자신의 행동이 구동독 형법에 따르면 전혀 불법이 아니라고 주장할 수 있었다. 그렇지만 구동독 국경법 제27조로 정당화하기에는 두 가지 특별한 (법률)적용 문제가 있었다.

첫 번째 법적 문제는 바로 총기사용을 정당화하는 규범 그 자체이다. 정당화 규범은 국경법 제27조 5항에서 무기사용에 대해 인권보호적 한계를

20) 〈바로 직전에 실행된 범행 또는 진행중인 범행을 막기 위한 총기사용은 정당화된다. 이 때 범행(Straftat)은 그 상황에서 형법상 범죄(Verbrechen)라고 밝혀져야 한다. 범죄를 저지른 것으로 유력히 의심되는 사람들을 체포하기 위한 총기사용 또한 정당화된다.〉

21) BGHSt 39, 1 (10 f.).

이끌어내었다.[22] 그래서 범죄저지를 위해 총기사용을 정당화하는 효력은 이 한계에 따라 제한되고, 추가적인 전제조건에 좌우되는 것으로 구성되었다. 하지만 이 전제조건들은 모호하게 형성되어 있었기 때문에[23] 주어진 상황의 사정을 특별히 고려하는 해석이 필요하게 되었다; 그 결과 정당화 차원에서 결정내리기도 어렵고 이를 예측하기도 어려웠다.

두 번째 법적 문제는 지향점이 대치된다는 점이었다. 구동독 국경에서의 명령적 상황(Befehlslage)이 그 원인이었는데, 이는 국경법 제27조 5항의 인권보호적 규정을 정면으로 가로막는 것이었다; 명령적 상황은 법적 상황과 일치되지 않았고, 오히려 강제력을 강화시키고 침해를 허용하며 보장을 제한함으로써 법적 상황을 옥죄었다.[24] 명령적 상황은 개별사례에서 법적 상황에 반하여 확고한 지위를 차지하였다. 구동독 국경법 제27조에서는 〈국경침해〉를 저지한다는 한 측면, 그리고 당사자 보장이라는 다른 한 측면이 균형을 이루고 있었지만, 명령적 상황에 따라 이 보장에 대한 중요성은 줄어들었다. 또 예를 들어 국경침해자를 〈근절〉하고, 지뢰를 설치하거나, 심지어 도주자가 죽게 되더라도 모든 수

22) 〈총기 사용시 인간의 생명은 가능한 한 소중히 여겨져야 한다. 부상자에게는 필요한 안전조치에 유의하면서 응급조치해야 한다.〉

23) 〈…가능한 한〉. 〈…필요한 안전조치에 유의하면서…〉

24) 상세하게는 BGHSt 40, 218 (222 ff.); BVerfGE 95, 96 (103 ff.).

단을 투입해서 어떠한 경우에라도 〈국경돌파〉를 저지할 것을 명령했다. 구조조치는 제3자를 보호하기 위한 것이라고 하는데, 사실상 대부분의 경우 결과적으로 의사의 치료가 늦어질 가능성이 있었고, 또 실제 개별사례에서 그런 결과들이 나타났다.[25] 국경돌파가 성공할 경우, 군인들에게는 어떤 결과가 초래될 것이고, 그래서 또한 국경을 지키는 일이 인간의 생명보다 우위에 있어야 한다는 상황이 군인들에게 강요되었다.

군인들이 구동독 국경법 제27조 2항, 그리고 특히 5항을 수락했다는 것은, 국경에서 총기사용시 당사자 보장의 측면은 완전히 철회한 것에 다름 아니었다. 이 법률규정에 따르면 국경 수비와 당사자 보장이라는 두 가지가 마치 여타 서유럽의 법적 상황과 다르지 않게 법치국가적 평형을 이루는 것처럼 보이지만,[26] 국경에서의 명령이 이러한 평형성을

---

25) BGHSt 39, 1 (12 f.).

26) 이와 관련해서 중요한 판결로 BGHSt 39, 21 f.: 독일연방법원(BGH)은 "독일연방군, 연합군 및 민병대의 직접강제 및 특별권한 적용에 대한 법률(UZwGBw: Gesetz über die Anwendung unmittelbaren Zwanges und die Ausübung besonderer Befügnis durch Soldaten der Bundeswehr und verbündeter Streitkräfte sowie zivile Wachpersonen) 제16조를 해석할 때 미필적 고의의 살인미수도 그 규정에 포섭되었다는 점을 낯설게 생각했고" 또한 "실정법의 총기규정에 대한 그 시대의 해석은 비례성원칙의 관점에서 볼 때 어떤 방법으로도 만족스럽지 않다"는 점을 판시한 바 있다 [역자주: UZwGBw 제16조는 총기사용에 대한 특별 명령을 규정하고 있다. UZwGBw 제16조 본문은 다음과 같다.

§ 16 총기사용에 대한 특별 명령 (1) 총기는 다른 직접 강

깨뜨려버렸다. 이제 비례성 원칙은 더 이상 효력이 없고, 도주자의 죽음으로 종결되는 어떠한 대가를 치루더라도 국경의 안전을 지킬 것이 지시되었다.[27] 책임을 져야 할 사람은 명령에 따라 행동했을 뿐, 법적 상황에 따라 행동한 것이 아니었고, 또 피고인 중 몇몇은 ―〈국경수비대〉는 아니었지만― 개인적으로도 이 명령에 대한 책임을 져야만 했다. 따라서 법적 의문은 더 첨예해졌다: 국경에서 내린 명령이 법치국가의 규준에 맞지 않았다는 점은, 〈국경수비대〉와 그 상관들, 그리고 구동독 국방위원회에 대한 형법적 유죄판단에 어떤 의미를 가지는 것일까?

(3) 소 급 효　　　이 문제는 다시 많은 하부문제로 나뉘게 된다. 무엇보다도 명령을 수행해야만 했던 사람과 명령을 내렸던 사람들에 대해서는 형법적 판결에서 차이가 있기 때문이다.[28] 이렇게 자연

제수단의 사용이 실패했거나 성과가 없을 것이 명백한 경우에만 사용할 수 있다. 사람에 대한 총기사용은, 그 목적이 사물에 대한 총기사용이 효과가 없거나 성과가 없을 것이 명백할 경우에만 허용된다. (2) 총기사용의 목적은 공격이나 도주를 막기 위한 것이어야만 한다. 총기사용으로 인해 행위자에게 인식가능한 제3자가 위험해질 개연성이 높아질 경우 총기발사는 금지된다. 군중에 대해 개입할 때(제15조 2항) 피할 수 없는 경우는 제외한다. (3) 외적 인상으로 보아 유년의 나이로 보이는 자에 대해 총기를 사용해서는 안 된다.]

27) BVerfGE 95, 96 (136).

28) 예를 들어 BVerfGE 95, 96 (139 f., 140 ff.) 참조.

법적 논증을 이끌어 내는 것처럼 보이는 하부문제는 — 이 점에서 우리의 관심을 끄는데 — 명령의 형법적 구속력을 판단한다. 그 때의 명령적 상황이 그 당시 행위자들에게 구속력이 있었다는 점은 이론(異論)의 여지가 없다; 따라서 이제 제기되는 법적 문제는, 그 때의 명령적 상황이 그 당시의 행위자들에 대한 오늘날의 판결에 구속력을 지녀도 좋은가라는 점이다. 행위자에게 불리한 부분에서의(in malam partem)[29] 형법상 소급적용금지는 범죄구성요건[30]에 한정되는 것이 아니라 정당화근거[31]에도 적용되고, 신뢰를 보호해야 하며 기만하지 않아야 한다는 형법 원칙들(소급효 금지 원칙)을 통해 살인금지가 당시 이미 효력이 있었는지를 결정할 뿐만 아니라 또 그 당시 국가실무에 따라 행했던 도주자 살인[32]이 정당화되었는지도 이 원칙에 따라 결정된다는 견해에 찬성한다면,[33] 이러한 국가실무가 어떤 구속력을 가졌었

---

29) 그 의미(신뢰보호 및 기만하지 않을 것)와 상세한 내용에 대해서는 Hassemer, (각주18), § 1 N 6, 42 ff.에 예를 들어 설명하고 있다.

30) 예를 들어 형법전상 (StGB 제212조 1항).

31) 예를 들어 〈국경탈출〉을 저지하기 위한 살인의 정당화 (구동독 국경법 제27조 2항).

32) 명령적 상황이 법적 상황 위에 겹쳐지는 것에 대해 독일연방법원(BGH)은 다음과 같이 명료하게 말하고 있다. 〈국가실무에서 적용되었던 것처럼 정당화되는 국경법 제27조 2항의 정당화 규정〉, 또는 〈그 당시의 국가실무가 그랬듯이 명령적 상황에 의해 조정되고 적용되었던 정당화근거〉: BGHSt 39, 1 (14, 15).

33) 더 많은 증명들과 그 근거에 대해서는, 국가범죄에 대한 나의 논문 (각주12), 460 f. 참조.

는가라는 질문에 대한 답을 구해야 한다.

이에 대한 대답은 형법전상 소급적용 금지가 미칠 수 있는 범위에서 추론된다. 형법상 소급적용 금지는 독일 기본법(Grundgesetz) 제103조 2항과 형법(StGB) 제1조에서 동일하게 보장하고 있는 것으로 죄형법정주의 원칙의 한 부분이다. 형법상 소급적용 금지는 법치국가성의 특징으로서, 시민에게 법적 안정성과 신뢰보호를 보장하는[34] 일반적인 소급효 금지가 특수화된 것이다. 형법상 소급적용 금지는 형법에서 절대적인 것이고, "엄격히 정형화함으로써 자신의 법치국가적 보장기능과 기본법적 보장기능을 충족시킨다."[35] 형법상 소급적용 금지는 이론과 실무에서 도그마틱의 매우 세세한 부분에까지 관철되었다.[36] 연방헌법재판소(BVerfG)는 소급효금지를 법치국가적으로 정당화하는 것은 〈기본권에 구속되어 있는 민주적 입법자가 공포·발령할 때 형법에 부담지워진 특별한 신뢰상황〉인 것으로 보았다. 그리고 몇 해 뒤에 결론적으로, 〈국경수비대〉 사안에서는 실질적 정의의 명령에 따라 이러한 정당화 근거의 적용이 금지된다고 하였다.[37] 이 평가의 척도와 결과 사이에 어떤 논증적 연관이 있는가?

---

34) BVerfGE 30, 367 (385 f.).
35) BVerfGE 95, 96 (131).
36) 개요와 예로는 Eser (각주13), § 2 N 1 ff.
37) BVerfGE 95, 96 (133).

2. 자 연 법

이런 시기가 자연법의 시대였는가? 아니면, 형법 적용에 절대적 척도인 소급효 금지, 그리고 국가범죄에서는 이 척도가 적용되지 않는다는 결과, 이 둘 사이의 틈새는 그 외의 어떤 방법으로 메워졌는가? 법적 논증 구조 및 법원이 표현하는 것에서 시사되기로는, 그것은 자연법-실정법 간의 관계와 관련이 있다.

(1) 법적 근거지음과 수사학　　　법적 근거지음의 구조와 관련해서는, — 구체적으로 관찰해 보면 모두 근본적으로 차이가 있음에도 불구하고 — 인도적인 입법자가 만들어낸 실정법이 차지하는 효력범위보다 더 강력한 효력 차원에 놓여있는 법을 우리는 〈자연법〉이라 명명한다. 이러한 법은 규범적 갈등이 생길 때 다른 어떤 법원(法源)보다 앞서고, 항상 더 강하게 명령한다.[38] 이러한 법은 인도적 입법자들의 처분권이 박탈되어 있는 효력의 근거를 통해 스스로를 정당화하는데, 그 효력의 근거에 대해 입법자는 아무것도 결정할 수 없으며, 오직 다음 사항을 준수해야 할 뿐이다: 외적·내적 자연의 법률,

---

38) 자연법과 그 역사를 대략적이고 개괄적으로 설명한 Kurt Seelmann, Rechtsphilosophie, 2. Aufl., München 2001, § 8 N 1 ff.; 자연법의 여러 가지 다른 유형(원천과 기원)을 소개한 문헌으로 Wolfgang Naucke, Rechtsphilosophische Grundbegriffe, 4. Aufl., Neuwied 2000, N 138 ff.

신의 의지, 인간의 무한한 이성. 이러한 효력의 근거가 존재한다는 것을 믿게 된다면, 그리고 효력의 근거가 지닌 명령을 알아낸다면, 그리고 의미론적으로 왜곡하지 않고 이 명령을 규율 장치로 바꾸게 된다면, 이 규율 장치에 대해서는 규범적으로 어찌 할 방법이 없다: 이 규율 장치는 인간이 책임지는 모든 법규(Rechtssetzung)에 우선한다. 이 법을 전형적으로 〈자연법〉으로 귀속시킬 때[39] 이 법 역시 강력한 전제조건을 충족해야만 하며 그것은 언제나 영원히 유효하다고 하는 말[40]은, 다행히도 우리의 목적에 대해서는 의미가 없다; 자연법적 효력을 받아들이기 위해서는 이른바 〈변화하는 내용을 가진 자연법[41]〉

39) Hans Welzel, Naturrecht und materiale Gerechtigkeit, 4. Aufl., Göttingen 1962; Ernst Bloch, Naturrecht und menschliche Würde, Frankfurt a. M. 1961; Werner Maihofer (Hrsg.), Naturrecht oder Rechtspositivismus, Bad Homburg v. d. Höhe 1962; Franz Böckle/ Ernst-Wolfgang Böckenförde (Hrsg.), Naturrecht in der Kritik, Mainz 1973.

40) 자연법이론에서 이런 주장을 하는 경향이 있는데, 예를 들어 성문화된 종교적인 계시 또는 그 외의 지시와 같은 — 법 이외의 — 텍스트가 그 출처이다. 시공을 초월하는 (그리고 문화도 초월하는) 의미론적으로 과도한 형성에 대해 면역이 있는 것으로 생각되는 연역적 절차에서 이 텍스트의 효력은 구체화된 법률텍스트에도 옮겨진다. 자연법이론의 발전에서 〈기독신학의 폭약작전〉에 대해서는 Seelmann (각주38), § 8 N 6 ff.

41) 이는 편리하면서도 근대적이기 때문에 유명한 Rudolf Stammler, Wirtschaft und Recht, 5. Aufl., Berlin 1924, 174의 공식이다. 이에 대해서는 Günter Ellscheid, Das Naturrechtsproblem, in: Einführung in die Rechtsphilosophie und Rechtstheorie der Gegenwart, hrsg. von Arthur Kaufmann/ Winfried Hassemer, 6. Aufl., Heidelberg 1994, 179 ff.(243

으로 충분하다. 따라서 법원(法源)은 특정한 문화 범위 내에서, 그러니까 시·공간적 관련 속에서만 항상 더 강력한 법원으로 평가될 수 있다.[42] 왜냐하면 〈국가범죄〉의 법적 상황은 — 설사 법적 상황이 초법률적 법을 요구한다 하더라도 — 어느 경우에나 이렇게 시대에 부합하는 초법률적인 법 이상을 요구하지 않기 때문이다.[43]

법원(法院)의 표현은 시대에 부합하는 초법률적 법을 받아들이고 있다. 특히 연방법원(BGH)은 국가범죄의 국면에서 — 나치(Nazi)의 압제가 끝난 후 연방법원이 내린 재판에 관련해서[44] — 강력한 공식을 사용했는데, 이 공식들은 자연법적 논증이 지닌 엄숙함에 여운을 남겼다. 연방법원은 다음과 같은 경우 〈상위법〉에 대한 위반이 가능하다고 하였다. 〈정의와 인간성이라는 기본사상에 대해 명백하고 중대한 위반이 (행위시의 정당화 근거로) 나타날 경우

ff.) 및 Arthur Kaufmann, Problemgeschichte der Rechtsphilosophie, in: 앞의 책, 30 ff.(90) 참조.

42) 그런 법도 또한 〈자연법〉으로 타당할 수 있다; 예를 들어 Reinhold Zippelius, Rechtsphilosophie, 3. Aufl., München 994, § 12 I 참조.

43) 이에 대해서는 아래 III에서 다룰 것이다.

44) 연방법원(BGH)은 〈인간의 공존을 위해 필수적인 몇 가지 기본원칙들〉에 대해 언급하였는데 (BGHSt 2, 234 [239]), 〈이 원칙들은 모든 문화국민들의 법의식 생활 속에서 각각에게 불가침의 기본근간이며 핵심영역에 속하는 것〉이다. 또 연방법원은 이러한 기본원칙들에 〈모든 국가적 승인으로부터 독립적인 구속력〉을 귀속시켰다 - 그것은 순수한 자연법의 법적 논증의 구조이다.

이다; 이 때 위반은 모든 국민에게 공통적인, 인간의 가치와 존엄에 관련된 법적 확신을 침해할 정도로 중대한 것이어야 한다.〉[45]

무엇보다도 〈라드브루흐 공식〉을 연방법원(BGH)[46]과 연방헌법재판소(BVerfG)[47]도 판결 논거의 중심으로 삼았기 때문에, 평가기준과 결과 사이의 논증적 연관[48]이 자연법적 가치로부터 나온다고 쉽사리 해석할 수 있다.

(2) 라드브루흐 공식 라드브루흐 공식은 이른바 초법률적 논증형태의 정점이 되었다.[49] 정의와 법적 안정성 사이에 갈등이 고조되는 곳 어디에서나 라드브루흐 공식은 법률과 초법률적 법의 관계를 보게 해 주고, 또한 라드브루흐가 출발했던[50] 법률실증주의 사상을 법률의 부정의(不正義)성이 학문적으로 다루어질 수 있는 영역에까지 확장시킨다. 라드브루흐 공식은 1946년에 쓰여진 〈법률적 불법과 초법률적 법〉[51]이라는 독특한 제목의 짧은 논문에서

45) BGHSt 39, 1 (15 f.).
46) 예를 들어 BGHSt 39, 1 (16); 40, 241 (244).
47) 이러한 판결의 관례를 증명하는 BVerfGE 95, 96 (134).
48) 위의 II.1.(3)의 끝부분,
49) 이에 대해 광범위하게 다룬 Frank Saliger, Radbruchsche Formel und Rechtsstaat, Heidelberg 1995.
50) 이에 대해, 그리고 라드브루흐가 국가사회주의를 인상적으로 경험했기 때문에 그의 법철학을 바꾸었는지에 대한 질문에 대해서는 Gustav Radbruch, Rechtsphilosophie, Bd. 3, Heidelberg 1990에 내가 쓴 서론 부분(Einführung) 6 ff., 11 ff.
51) Süddeutsche Juristenzeitung 1 (1946) 105-108. 나는 이 글에

나온 것인데, 나치주의 종말 이후 독일 법학자들은 다른 어떤 논문보다도 이 공식에 더 몰두했다. 라드브루흐 공식에 압축되어 있는 중심 테제는 실정법률 외에는 어떠한 법원(法源)도 없다는 법률실증주의의 구속을 느슨하게 하였고, 또 어떤 경우든 다음과 같이 의문을 제기하는 발언을 할 수 있게 하였다. "— 학문적으로 동의되는 — 부정의한 것으로 평가되는 법률에 대해 이야기할 수 있는 평가기준들은 과연 존재하지 않는 것인가?"

이 글은 〈법률은 법률이다〉라는 기본원칙에 어떠한 제한도 없다고 보는 실증주의 법사상에서 시작한다(83). 그리고 그 다음에는 실제 사례들과 법원의 판결(나치 기관에의 고발[52], 수많은 사형 집행, 히틀러 군대에서의 탈영)을 비평하는데, 이 판결들 덕분에 〈법률적 불법과 초법률적 법이라는 관점 하에〉 〈실증주의에 대한 투쟁〉에 동기가 부여되었던 것이었다(88).

그리고 나서 〈사실은〉 실증주의의 「〈법률은 법률이다〉라는 확신으로 말미암아, 독일 법률가들은

서 Radbruch(각주50), 83/93(그리고 같은책, Editionsbericht, 282-291)을 인용하겠다.

52) 법무청 공무원 *푸트파르켄(Puttfarken)*은 상인 *괴티히(Göttig)*를 고발했는데, 그가 공중변소에 〈히틀러는 대량학살자이며, 그는 전쟁에 책임이 있다〉라는 문구를 새겼기 때문이었다: *괴티히*는 그 이유 및 외국 방송을 들은 이유로 사형에 처해졌다. *푸트파르켄*에게는 히틀러 시대가 지난 후 살인 방조로 종신 징역형의 판결이 내려졌다 (83, 86).

자의적이고 범죄적인 내용의 법률에 대항할 수 없게 되었다」(88)[53]는 점을 인정하였다.[54] 그리고 나서 그는 저 유명한 공식, —이 공식을 수용할 때 대개 놓치기 쉬운 점으로서— 즉 법률적 불법의 가능성을 밝혔을 뿐만 아니라, 부정당한 법(unrichtiges Recht)과 법이 아닌 것(非法, Nicht-Recht)을 구분하는 공식을 개발하였다(89):

---

53) 이 테제는 — 내가 보기엔 당연히 — 후에 결정적인 비판을 받게 된다. Manfred Walther, Hat der juristische Positivismus die deutschen Juristen wehrlos gemacht?, in: Die juristische Aufarbeitung des Unrechts-Staats, KJ 88/3, 263 ff.; Clea Laage, Die Auseinandersetzung um den Begriff des gesetzlichen Unrechts nach 1945, in: Die juristische Aufarbeitung des Unrechts-Staats, KJ 89/4, 409 ff.; Wolf Rosenbaum, Naturrecht und positives Recht, Neuwied 1972, 146 ff. 사실 나치 사법기관에는 실증주의보다 더 강력한 추동력이 있었다. 그리고 많은 법률에서 법관이 이념적으로 동요하기보다 무미건조하게 복종하였기 때문에 오히려 손해를 피하게 되었을지도 모른다. 이에 대해 Ulfried Neumann, Rechtsphilosophie in Deutschland seit 1945, in: Rechtswissenschaft in der Bonner Republik: Studien zur Wissenschaftsgeschichte der Jurisprudenz, hrsg. von Dieter Simon, Frankfurt a. M. 1994, 145 ff. 참조. 그는 이러한 점에서 다음과 같이 기술하고 있다. 국가사회주의의 공식적인 법이념은 방법적으로 — 자연법의 전통적 체계와는 내용적으로 날카롭게 대비되지만 — 실증주의적 견해보다는 자연법적 사고에 더 가까이 서 있다는 것이다. 이 점에 덧붙여 이 테제는 1945년 이후 거의 정당화될 수 없는 변명에 기여했으며, 그뿐만 아니라 바이마르(Weimar) 공화국의 민주적 법률가들 — 누구보다 라드브루흐 — 에 반대되는 국가사회주의로 입장을 전환한 법률가들에 의해 평가되었다; 이 점에 관하여 Ingo Müller, Furchtbare Juristen, München 1987, 221 ff.

54) 이러한 용인은 텍스트의 그 뒤 두 단락에서 계속되고, 그래서 중요하다.

「정의와 법적 안정성 사이의 갈등은 다음과 같이 해결될 수 있다. 규정과 권력에 의해 보장된 실정법은, 그 내용이 정의롭지 않고 합목적적이지 않을 때라 하여도 우위를 지닌다. 하지만 실정법의 정의에 대한 모순이 참을 수 없을 정도에 이르렀다면, 〈부정당한 법〉인 그 법률은 정의에 굴복해야 한다…: 정의를 단 한 번도 추구하지 않은 경우, 다시 말해 실정법을 제정할 때 정의의 핵심인 평등을 의식적으로 부정한 경우, 그 법률은 〈부정당한 법〉에 그치지 않고 법적 성질 자체를 가지고 있지 않다.」[55)]

이 글은 강한 단어들을 사용하고 있는데 – 저자와 독자들이 그 당시 겪었던 나치의 불법에 충격을 받은 경험이 배경이 되어 더욱 강해졌다. 그렇지만 우리는 라드브루흐가 자기비판적으로 자신의 법실증주의의 가면을 벗고 그것을 단호히 청산했으며, 법실증주의의 시대에 많은 이들에게 일어났던 것과 같이, 법실증주의 대신에 자연법의 찬가를 불렀다고 믿는 잘못에 빠지곤 한다.[56)]

---

55) 이 텍스트는 다음과 같이 계속된다. 〈왜냐하면 법은, 실정법 또한, 정의에 봉사한다는 법의 의미에 따라 확정되는 질서와 규정(Satzung)에 다름 아닌 것으로 정의 내려지기 때문이다. 이러한 척도로 측정될 때 국가사회주의 법의 모든 측면은 결코 현행법의 존엄에 다다르지 못한다.〉

56) 여기서는 라드브루흐의 말, 이를테면 범죄적인 법률에 대항하여 인권을 논거로 드는 작센 주 검찰총장 슈뢰더(Schröder)의 어법 (86 f.), 또는 사형집행인 보조원인 클라이네(Kleine)와 로제(Rose)의 사형 판결(87)을 비교한다. 2차 세계대전 이후 〈자연법의 르네상스〉에 대해서는 Rosenbaum(각주54), 106 ff.; Kristian Kühl, Rückblick auf die Renaissance des

우리가 그 글을 연관시켜 읽어보면, 오히려 라드브루흐는 의도적으로 거의 정반대로 하려 했다는 인상을 받게 된다; 즉 그는 현대사적으로 당연하다고 생각되고 이해되기 쉬운, 그러나 사안에 따라서는 정의로운 사람을 처형하고 그로써 법의 척도를 잃어버리게 되는 그러한 순진하고 위험하기까지 한 초실정법에 대한 일시적 쾌감을 의도적으로 경고하려 했던 것이다.[57] 라드브루흐는 정의에 대한 법적 안정성의 가치에 대해 논증할 정도로 지지지 않았다는 점이 이를 말해준다.[58] 그는 그때그때 법적

Naturrechts nach dem 2. Weltkrieg, in: Geschichtliche Rechtswissenschaft: ars tradendo innovandoque aequitatem sectandi: Freundesgabe für Alfred Söllner zum 60. Geburtstag am 5.2.1990, hrsg. von Gerhard Köbler/ Meinrad Heinze/ Jan Schapp, Giessen 1990, 331 ff.; Welzel (각주39), 219 ff. (거기서도 라드브루흐의 실증주의에 대해 비판하고 있다): Norbert Horn, Einführung in die Rechtswissenschaft und Rechtsphilosophie, Heidelberg 1996, N 375 ff.

57) 라드브루흐가 그의 논문에서 주요한 문제로 다루었던 자연법 수사학은 예를 들어 87쪽에 다음과 같이 인용되어 있다. 〈어떠한 법관도 부정당하며 범죄적이기까지 한 법률을 내세워 자신을 정당화시킬 수 없고, 그에 따라 판결을 집행할 수 없다. 우리는 인권을 내세워 우리를 정당화한다. 인권은 모든 성문화된 규정(Satzung) 위에 있는 것으로써 박탈될 수 없는 태고 이전부터 가져온 권리이며, 비인간적인 독재자의 범죄적 명령의 효력을 부인한다.〉

58) 그는 계속해서(88 f.) 더 나아가 (내가 보기엔 지나치게 나아갔다) 법적 안정성을 정의에 합병하려 한다: 〈법이 안정적이라는 것, 법이 오늘 여기에서 그런 것처럼, 내일 거기에서 다르게 해석되고 적용되지 않는다는 것은 동시에 정의의 요구이다. 법적 안정성과 정의 사이의 갈등, 내용적으로는 논란의 여지가 있는 실정법률, 그리고 정의롭지만 법률의 형식에 딱 맞지 않는 법 사이의 갈등이 생겨나는 곳에 진실로 정의 그

문제에 대해 하나의 대답을 지시해주는 적극적 의미의 초법률적 법을 제안하지 않았다. 그는 좁게 한정된 예외적인 사례에서 단순히 (그건) 〈아니다!〉 라고 말하는, 그리고 올바른 것을 봉인하기를 거부하는 소극적인 의미의 초법률적 법을 제안했을 뿐이다; 그리고 마침내 초법률적 법은 변덕스러운 확신으로부터 〈형식법률적〉전통을 단호하게 변호하며 (93), 이는 다음과 같이 매우 아름답고도 결정적인 문장에 다다르게 된다: 「민주주의는 어떤 가치있는 선(善)이다. 그러나 법치국가는 일용할 양식과 같고, 또 마실 물, 숨 쉴 공기와도 같은 것이다. 그래서 민주주의에서 최고의 선(最善)은 바로 민주주의가 법치국가를 보장하는 데 적합해지는 것이다.」

그럼에도 불구하고 아무런 의심이 없을 수도 있다: 즉 그는 반(反)실증주의적으로 논증하였고, 자연법을 구성했으며, 그의 공식은 법적 안정성을 찬양했기 때문이 아니라, 초법률적 법으로 문을 열어 놓았다는 점은 확실하다고 믿을 수도 있다. 그렇다면 실정법은 스승(Meister)을 발견한다. 이 스승은 극단적으로 신중하게 바로잡아 주기는 하지만, 그 자신이 개입하지 않더라도 언제나 존재하는 것이다. 그러나 그렇게 매우 절제되어 바로잡아 주는 스승이 실증주의적 사상에 대한 파괴자이기도 하다. 왜냐하면 실증주의 사상은 법률로써 법적 가치를 규

자체의 갈등, 즉 외관상의 정의와 실제 정의 사이의 갈등이 존재한다.〉

정했었던 이전처럼 결코 될 수 없기 때문이다; 이제부터 언제나 다음과 같이 이의를 제기할 수 있는데 — 그리고 이는 학문적으로 덧칠되는데 — 그것은 바로 이런저런 법률이 〈단 한 번도 정의를 실현하려고 노력하지 않았다〉는 점이다. 그러니까 라드브루흐가 그의 생각을 표현했던 것처럼, 이런 법률은 부정당한 법으로 또는 완전히 비법(非法, Nicht-Recht)으로 보여야만 하는 것이다. 실정법을 넘어서 있는 정의에 대한 논의 속으로 이르는 문은 결코 더 이상 닫혀질 수가 없다.

여기서 라드브루흐가 제안한 자연법적 구성은 단순하고, 거의 고풍스러움에 가깝다 — 그리고 그 안에는 자연법적 구성이 지닌 깨어지지 않는 매력이 왜 생기는지가 보인다. 모든 법관들이 일상적으로 행하는 작업에서는 크게 3개의 주춧돌, 즉 사안, 법률, 법만이 작동한다. 나치의 종말 이후 법률가들이 몰렸던 상황에서 이 주춧돌들은 복잡한 방식으로 서로 부딪혔었다. 극단적으로 말한다면 법률(Gesetz)이 법(Recht)에 더 이상 부응하지 못할 정도로, 사안이 법률에 딱 들어맞는 상태였다. 형법이 사소한 일에 대해 테러적인 반응을 보인 사안에서 그것에 대해 듣고 읽는 사람들에게 일어났던 동요는 (완전히 비례성이 없는 유죄판결이기 때문에) 규범적인 성격만 띠는 것은 아니다. 그 동요는 분석적인 성격도 띤다. 즉 유죄판결은 형식적인 절차에 따라 성립한 실정법을 스스럼없이 그 근거로 내세울 수 있고, 그래서 유죄판결은 법률과

조화되며, 유죄판결은 법률의 해석으로서 타당성을 얻게 되었다는 점들은 부정할 수가 없다; 유죄판결들은 법률가의 실무에서 벗어난 것이었을 뿐만 아니라 무엇보다도 법률적인 명령을 집행한 것이었다. 그리하여 형사사법에서 이루 다 말할 수 없는 결과들이 발생했다; 그뿐만 아니라 (또한) 이러한 결과에 이르게 된 길은 또한 법률을 무력화시켰고, 신뢰와 존엄을 상실시켰다. 그리고 그 이후로 법률실증주의자가 되는 것은 어려운 일이 되었다.

라드브루흐는 — 물론 그는 유일한 사람은 아니었지만, 그의 구성적 해결방법은 그 시대의 요구[59]에 거의 들어맞는 것이었다 — 그것을 개념화했다. 그는 자연법적 구성으로 향한 문을 열었고, 하지만 동시에 결과로서 적합한 모든 가치평가가 항상 자연법적 구성을 통해서만 이루어지지는 않도록 신경썼다; 그는 법적 안정성의 가치와 법률의 존엄성을 깊게 의심해 본 후에야, 법적 안정성의 가치, 그리고 — 온갖 충격에도 불구하고 — 법률의 존엄성을 찬양했다. 여기에 마지막으로 실정법을 판단해야 하는 기준의 내용들이 그림자처럼 희미하게 남아 있다: 정의의 추구, 실정법의 정의에 대한 참을 수 없는 모순, 정의의 핵심인 평등의 의식적인 부인 — 이로

---

59) 1954년 이후 라드브루흐처럼 구성했던 다양한 법철학자와 철학적 법실무가들이 있었다. Neumann(각주53), 145 ff. 특히 146쪽 각주7에 소개되고 있다.

써 우리는 그 특징이 뚜렷한 초실정적 법도그마틱을 진정으로 구성할 수 없다. 그러니까 다음과 같은 점은 명확하다: 실정법을 비판하는 내용 때문에 라드브루흐 공식이 유익한 것은 아니다; 라드브루흐 공식은 국가범죄의 (가치)판단시 정의와 법적 안정성에 대한 관계를 묻게 될 때 시대에 상응하는 답을 내어놓는다는 점에서 실천적 가치를 지닌다.

Ⅲ. 국제법, 헌법, 형법

이것이 옳다면, 이는 국가범죄에서 발생한 법문제를 다시 계속해서 라드브루흐 공식으로 설명해내고 해결하는 데 충분한 근거가 됨에 틀림없다. 그렇지만 그것은 다른 차원이다. 나는 다음과 같은 테제를 주장한다: 첫째, 라드브루흐 공식을 소급해 다시 채택하여 근거로 삼는 것은 오늘날 더 이상 바람직하지 않다. 둘째, 형사법원, 헌법재판소, 인권법원은 대부분 덧붙이는 형식이기는 하지만[60] 이미 라드브루흐 공식을 근거로 삼았다. 셋째, 또한 이러한 전개는 라드브루흐 공식에서 근거지어지는 것이 아니고, 실정법과 자연법 사이의 관계에서 근거지어지는 것도 아니다. 오히려 라드브루흐의 1946년 논문 이래 우리의 문화권 안에서 국제법, 헌법 그리고

60) 바로 아래에서 살펴보게 될 유럽 인권법원은 예외이다.

형법에서 일어난 일들에 근거하는 것이다.

법원은 라드브루흐 공식을 상황과 관계없이 적용하는 일은 있을 수 없다고 하였다. 왜냐하면 독일 내부의 국경에서의 살인은 나치 집단학살과 동등하게 간주되지 않기 때문이다.[61] 이는 언제나 표면적으로는 설득력이 있다. 그러나 라드브루흐의 법철학이 추상화될수록 그리고 그것이 탄생한 구체적인 역사적 상황을 논증적으로나 구성적으로 배후에 둘수록 그 설득력을 잃어버린다. 라드브루흐 법철학은 실제로 그런 것이었다. 라드브루흐 공식만이 아니라, 그 공식 속에 들어가 있고, 그 공식을 충족시키는 논증들도 나치의 경험을 근거가 아닌 예시라고 지적하고 있다. 우리가 결코 의심할 수 없는 그것이 바로 이 법실증주의라는 껍데기로부터 이러한 조치를 취하도록 자극하고 강요했던 그런 역사적 경험이었다 하더라도, 마찬가지로 이러한 법철학은 이 경험들을 배후에 두고 있다는 점, 그리고 법철학이 보편화되었고 그 당시의 상황과 단지 유사점만을 공유하는 상황에서도 그 공식의 적용을 요구한다는 점은 의심할 수 없다. 알려진 바대로 법률은 예전처럼 오늘날에도 단 한 번도 정의를 실현하기 위해 노력하지 않았고, 어떠한 고려도 하지 않았다.

동일한 맥락에서, 연방법원(BGH)[62]은 라드브루흐 공식의 사용가능성을 주의깊게 제한함으로써 〈오

61) 예를 들어 BGHSt 39, 1 (16).

62) BGHSt 39, 1 (16).

늘날에까지 남아 있고〉 범세계적인[63] 법공동체의 확신에 따를 때 국가가 언제 인권을 침해하는지를 판단하는 거점을 제공하는 〈구체적 심사규준〉을 설정하고 있다; 이러한 맥락에서 재판부는 시민적 정치적 권리에 대한 국제적 조약(IPBPR)에 관련되며, 이와 유사한 일련의 경우에 이 조약을 원용한다.[64] 그 전에 형사부는 〈정의에 대한 근본적인 명령〉 뿐만 아니라 〈국제법적으로 보호되는 인권〉에 의지했었고,[65] 그리고 연방헌법재판소는 명확하고 단호하게 다음과 같은 점을 고집했다. 연방헌법재판소는 초실정법적 기본원칙들로 회귀하는 것이 필요하지 않으며, 구동독 자체에서 어떤 것이 형법적 명령으로 표현되어 있었는가하는 가치평가와 연결하는 것으로 충분하다고 하였다.[66] 유럽인권법원은 결론적으로 구동독 실정법상의 국제법, 헌법 및 형법을 좇아[67] 초실정법이 아니라 구동독 법률 및 구동독이 비준했던 국제 협정에서 그 판결의 기초를 찾았다.[68]

이런 방법은 옳은 것이다. 이 방법은 법적 근거와 판결 근거에 두 가지 두드러진 장점을 가지는 규범들을 이끌어낸다. 여기서 구동독 자체에서 효력

63) 우리가 돌아볼 때 호의적인 쾌감. 전체 세계가 아니라, 우리 법문화에는 - 서유럽에 제한되지 않고 - 이 진단은 당연히 옳다.
64) BGHSt 39, 1 (16 ff.)
65) BGHSt 39, 1 (15 f.)에 인용됨.
66) BVerfGE 95, 96 (129 f., 134 ff.).
67) 2001. 03. 22 판결 (각주10).
68) 이에 대해 앞의 책, N 59 ff., 72 ff., 90 ff.

이 있었던 것으로 보이는 규범들이 문제가 된다; 다른 나라의 법을 통한 식민지화라는 논의는 초실정법의 적용이 가능한지를 묻는 것처럼 불필요한 논의이다. 게다가 이 규범은 올바르고 구체적인 내용적 척도를 제공하고 있다. 생존권의 우위, 자유로운 이주의 권리, 인권 침해시에 우선시되는 명령, 이들은 예를 들어 구동독의 형법,[69] 헌법[70] 또는 국경법[71]에 적혀있다. 구동독이 가입했던 국제인권보호조약을 감안한다면, 현대의 '실정화된 자연법'이라는 극적 장면(Tableau)과 같은 무엇인가가 나타날 것이다: 그것은 바로 구동독 국경에서 총기발사, 지뢰 및 희생자의 피흘림에 의해 침해된 인권을 광범위하게, 또 여기저기에서 풍부하게 규범적으로 보호하는 우산이다.

그래도 자연법은 없는 것인가? 그렇다. 기형이 된 실정법률을 곧바르게 세우거나 버려버리기 위해 필요한 그런 법원(法源)을 흔히 그렇듯이 내용적으로, 그리고 법위계질서의 관점에서 이해하는 한 자

69) 第95조: 〈기본권 및 인권을 위반한 사람은 법률이나 명령(Befehl, Anweisung)을 통해 정당화될 수 없다; 기본권 및 인권을 위반한 사람은 형법적 책임을 지닌다.〉

70) 예를 들어 제19조 2항: 〈인격의 존엄과 자유에 대한 주의 및 보호는 모든 국가 기관, 사회 권력 및 개별 국민에게 명령된다.〉
제30조 1항 및 2항:〈모든 독일민주공화국(DDR) 국민의 인격과 자유는 불가침의 것이다.〉; 〈…이 국민들의 권리는 단지 법률이 허용하고 불가피한 경우에만 제한된다.〉

71) 위의 II.1.(2) 참조.

연법은 없다 ―마치 1946년 실정법률을 부정의(不正義)한 법률이라고 판단하기 위한 명백하고 성문화된 척도가 존재하지 않았던 그 때처럼 말이다. 그 시기는 법이론적으로 이미 지나갔다. 구동독을 포함한 대부분의 국가는 ― 그 국가의 법률 또는 국제조약에 ― 실정법이라는 두꺼운 망을 치기 위해 수십 년이 필요했다. 이 망은 법률적 불법을 표시하고 규범적으로 반박할 수 있는 척도를 쉽게 찾게 해 준다. 이러한 척도들은 1946년의 시각으로부터 흘러나온 자연법이다. 이 척도들은 현행법의 타당성을 부인하기 위한 지름길을 열어주며 국가범죄가 심판받는 상황에서 불문법의 원용을 무용지물로 만든다. 게다가 이 척도들은 라드브루흐 공식과는 반대로 충분히 구체적이어서, 이 척도들에 따라 그 주위의 시간의 흐름에 따라 특수화되고 법에 합치하는 법관법(Richterrecht)이 형성될 수 있다. 또 ― 최소한이 아닌 것으로 ― 이 척도들은 상징적 입법[72]에서도 구체적이고 실용적인 결론들을 이끌어 내기도 하는데, 그 상징 입법의 눈에 띄는 규정들은 국경법에서부터 형법을 거쳐 헌법에까지, 판결의 기초로서 여겨지기보다는, 오히려 엄숙하지만 결론이 없는 선언에 불과한 것으로 여겨졌다.

---

72) 이에 대해 자세하게는 나의 논문: Das Symbolische am symbolischen Strafreht, in: Festschrift für Claus Roxin zum 70. Geburtstag am 15. Mai 2001, hrsg. von Bernd Schünemann, Hans Achenbach, Wilfried Bottke, Bernhard Haffke und Hans-Joachim Rudolphi, Berlin 2001, 1001 ff.

하지만 라드브루흐가 제안했던 것[73]과 같은 의미의 자연법은, 즉 실정법의 틀로부터 나온 방법으로서, 그리고 법(Recht)을 실정법에 대항하는 것으로 학문적으로 근거지을 수 있는 가능성으로서의 자연법이다. 가장 두꺼운 인권법전도 모든 자연법의 메시지를 불필요하게 만들 수는 없을 것이다: 실정법은 항상 정의로부터의 비판을 유예하고 있는 상태에 머물러 있어야만 한다. 이렇게 본다면, 법원(法院)이 헌법 속의 자연법에 의존하지 않으면서 그러나 자연법적으로 법을 근거짓는 것에 대한 기억을 부수적으로 함께 끌어들였을 때, 법원(法院)은 현명하게 행동하는 것이 된다.

73) 위의 II.2.(2).

[2] 헌법재판과 정치적 과정

I. 서 언

이 주제는 굉장히 광범위하다. 잘 알려진 근사한 독일어 표현으로 이 주제는 "신과 세계"를 목적으로 한다 —다시 말해 이 주제는 정치적 행위와 헌법재판을 통해 그것을 통제하는 영역에서 본질적이며 흥미있게 여겨질 수 있는 거의 모든 것들을 목적으로 한다.

나는 이 주제의 광범위함 역시 충분히 이용해 보려 한다. 나에게 주어진 짧은 시간의 범위 내에서 나는 적어도 두 가지 대상을 이야기하려 하는데, 이 대상들은 헌법재판과 정치적 과정의 관련성 너머에서 중심적인 역할을 수행하고 있는 것이다: 첫째는 권력분립이 이루어진 근대 국가에서 사법과 함께 법치국가의 기둥이 되고 있는 입법 · 행정의 제도에 대한 해석이다; 둘째로, 하지만 그 대상을 다룰 때, 고전적인 헌법전통으로 볼 때 그리 근본적인 것으로도, 중심적인 것으로도 보이지도 않는 현대의 국가와 사회의 제도들을 외면해서는 안 된다. 이러한 제도들은 무엇보다도 정치과정에 대한 참여자로서 대중(大衆)과 미디어를 가리킨다.

내가 보기에 이러한 제도들까지 고려하지 않고서는 오늘날 헌법과 헌법재판에 대한 실재에 부합하는 어떠한 이론도 만들어낼 수 없다; 독일에서는 미디어를 "제4의 권력"이라 부른다.

물론 나는 한 가지 제한을 해야겠다. 나의 시각은 엄밀히 독일의 헌법재판에 한정되어 있다. 다시 말하자면, 나는 무엇보다도 독일 연방헌법재판소(BVerfG)와 우리 헌법인 독일 "기본법(Grundgesetz)"을 고찰하고 설명할 것이다. 이는 다시 1919년 바이마르(Weimar) 제국헌법과 독일 국가사회주의(Nazi) 시대의 결과물 없이는 잘 이해될 수 없다. 나는 여러분의 나라의 헌법적 문제에 대해 어떠한 결론도 내리지 않으려 한다. – 이는 단순히 내가 손님으로서 사양하는 마음 때문이기도 하고, 무엇보다 내가 여러분의 헌법적 삶을 잘 알고 있지 못하기 때문이다.

그럼에도 불구하고, 내가 여러분께 지금 설명하려는 상황들이 일반적이고 보편화 가능한 것이어서, 우리가 이에 대해 이성적으로 대화를 공유할 수 있기를 희망한다.

Ⅱ. 기　　초

아주 넓고 기본적인 것처럼 들리는 (그리고 실제 그렇기도 하다) 이 주제는 사실 단 하나의 중심적인 질문으로 요약될 수 있다. 그 질문은 다음과 같

다: 국가에서 일어나는 일들을 누가 결정하는가? 이 질문에 대한 대답으로 아주 간단한 대안이 있는데, 그것은 다음과 같은 하부 질문에 놓여 있다: '국민이 결정하는가, 아니면 법이 결정하는가?'라는 것이다. 우리는 동일한 질문을 또 다시 다른 형식으로 물어 볼 수 있다: 민주주의에서 다수의 결정에 한계가 있는가? 내가 보기에 이 질문은 — 그 다양한 형식에서 — 곧바로 문제의 핵심으로 들어간다. 그 문제는, '민주주의에서 헌법재판과 정치적 과정은 어떤 관계로 볼 수 있는가'라는 것이다.

이 문제에 대해 나는 두 가지를 안내하려 한다. 이는 여러분께 어느 정도의 역사적 관점과 내용을 보충하기 위해서이기도 하다. 내가 소개하려는 것은 독일 법철학자 두 명에 관한 내용인데, 두 사람 모두 법실증주의를 지향했고 국가사회주의자들로부터 나쁜 경험을 해야 했었다. 이는 한스 켈젠(Hans Kelsen)과 구스타프 라드브루흐(Gustav Radbruch)에 관한 것이다.

1. 한스 켈젠

한스 켈젠(Hans Kelsen)은 법철학자이자 법이론가로서 "빈(Wien) 학파"에 속했다. 빈 학파의 기본 성격은 분석적 · 실증적이었는데, 한스 켈젠은 — 예를 들어 그의 국제법 관련 논문들을 생각해 볼 때 — 완전히 이런 성격에 속하지는 않았다.

나는 여기서 1934년 2판에서 보여준 그의 "순수법학"에 집중해 보려 한다. "순수법학"에서는 법체계를 분석적으로 구성하면서 한 가지 중심적인 문제를 제기하고 있다. 이 질문은 우리 주제와의 연관성에서 결정적인 의미를 가지는데, 바로: '법이 어떻게 정당화될 수 있는가'라는 것이다.

핵심을 짧고 정확히 요약하자면 켈젠의 대답은 다음과 같이 정리될 수 있다: 법과 법적 현실이 충돌하는 곳에서는, 예를 들어 집행관의 행위나 행형에서 공무원의 행위에서는, 법이 요구하는 이러한 집행행위는 판결을 통해 또는 행정관료의 행위를 합법화하는 명령(Anordnung)을 통해 정당화될 수 있다. 다시 이 판결의 정당성은, 판결이 (실체법적으로 또 절차법적으로도) 법률의 규정에 따라 내려진다는 점에서 찾게 된다. 물론 이 법률도 정당화되어야 한다; 법률은 헌법에서 정당화되는데, 다시 법 내용과 관련 있는 헌법의 실체적 부분에서뿐만 아니라 절차가 규정된 형식적인 부분에서도 정당화된다. 이제 비로소 흥미로운 질문을 던져볼 수 있다. '무엇이 헌법을 정당화하는가'라는 질문이다. 그것은 시대정신인가? 다수의 시민인가? 아니면 예를 들어 자연법적 확신같은 그런 것인가?

켈젠의 대답은 실증주의의 전통에 기인하고 있다. 실증주의 전통은 실정 (성문) 법률 이외의 어떠한 법원(法源)의 존재도 부인한다. 따라서 헌법의 합법화(Legitimation) 문제에 대한 켈젠의 대답은 그의 본질적 특징 안에 이미 정해져 있었다.

앞에서 "더 상위의" 법원(法源)의 정당화에 대해 각 단계별로 재차 질문함으로써 설명했던 이 "법질서의 단계구조"에서는, 켈젠이 명명한 것처럼 "근본규범(Grundnorm)"이 정당화의 정점으로서 필요하다. 이는 정당화의 논리로 볼 때 더 이상 놀랍지 않다; 왜냐하면 그러한 근본규범이 없으면, 법규범의 정당화는 무한으로 소급(regressus in infinitum)하는 결과가 되기 때문이다: 규범에 대한 모든 정당화는 그 정당화가 정당화되는지를 다시 물어보게 할 것이고 이는 반복될 것이다. 그래서 켈젠의 "근본규범"은 필연적으로 내용이 비어 있다. 오직 이러한 전제조건하에서만 근본규범은 끝없는 정당화 절차의 마지막으로 이해될 수 있다. 왜냐하면 만약 근본규범이 어떤 내용을 가지고 있다면 그러한 모든 내용에 대하여 왜 이 내용들이 규범적으로 받아들여질 수 있는지 또는 왜 이 내용들이 완전히 규범적으로 강제되는지를 다시 질문해야 하기 때문이다.

"법질서의 단계구조"가 얼마나 강하게, 그리고 얼마나 근본적으로 비판되었는지를 그려내기 위해 많은 상상을 할 필요는 없다. 실증주의자들은 독일에서 — 오늘날까지 — 아주 많이 토론되었던 문제인, "누가 국가사회주의(Nazi) 불법국가를 발생시킨 데 '책임'

이 있었는가"라는 문제에도 휩쓸렸다. 그들이 비판받은 점은, 무한으로의 소급(regressus in infinitum) 이외에 내용적인 정당화는 있을 수 없으며, 내용을 가진 자연법은 존재하지 않는다고 증명하면서 법체계의 비판능력을 평가절하했다는 것이다. 나는 여기서 이 비판에 동참하지는 않으려 한다. 적어도 켈젠은 ― 그의 법이론적 영역에서 그리고 그가 주장한 기초에서 ― 가장 상위의 법원칙들을 내용적으로 정당화하는 것이 어떠한 어려움을 지니고 있는지를 명확히 보여주었다. 우리에게까지 확장된 이러한 관점에서 볼 때 법규(Rechtssatz)가 근본적일수록 더 적은 내용이 담겨 있어도 된다는 점이 인정된다. 그렇기 때문에, "선을 행하고, 악을 피하라" 또는 "각자에게 그 자신의 몫을"이라는 법원칙들은, 도대체 무엇이 "선"인지 "악"인지 "그 자신의 몫"인지를 해결하지 않은 채로 놓아둠으로써, 각각의 법에서 그렇게 오랫동안 일반적으로 수용될 수 있는 기본원칙들인 것이다.

2. 구스타프 라드브루흐

내가 보기에 라드브루흐(Gustav Radbruch)는 우리에게 중요한 특정한 지점에서 켈젠을 넘어섰다. 그러므로 ― 그리고 또한 그는 나의 스승 아르투어 카우프만(Arthur Kaufmann) 위에 있는 나의 정신적 "조부(祖父)"이기 때문에 ― 그에 대해 여기서 짧게 소개하고자 한다.

라드브루흐 역시 처음 법철학과 법이론에 발을 내딛었을 때는 엄격한 법실증주의자였다. 그는 학문외적으로 겪었던 경험을 통해 그의 일생 마지막 즈음에 실증주의의 학문적 엄격성을 깨뜨려야만 했다: 그는 바이마르(Weimar) 공화국의 법무부 장관을 두 번 역임했고, 1933년에서 1945년까지 강단에 서는 것이 금지되었으며, 1945년 이후부터는 1949년에 중한 병에 걸려 죽을 때까지 대단한 힘과 노력으로 국가사회주의의 경험을 법이론적 · 법철학적으로 소화해 내려 노력하였다. 그는 이 작업에서 특히 성공적이었다; 오늘날까지 독일 연방헌법재판소(BVerfG)는 (예를 들어 구동독 정권의 형법적 불법에 대한 판결에서) 구스타프 라드브루흐의 유명한 공식을 증거로 내세우고 있다. 그의 공식에 대해 짧게 소개하면 다음과 같다.

나치 정권이 붕괴된 바로 뒤에 라드브루흐는 짧은 논문에서 "법률적 불법과 초법률적 법"이 있을 수 있다는 점을 승인하였는데, 이는 실증주의자들의 공식에 따르면 엄청난 죄(Todsünde)이다. "법률적 불법"이라는 표현은, 법원(法源)은 오직 법률일 수밖에 없다는 실증주의의 엄격한 한계를 반박하는 것이다; "초법률적 법" 역시 실증주의에서 금기시되는 태도를 지지한다: 그것은 바로 자연법이 존재할 것이라는 것이다 — 그리고 이 자연법은 이 시대 내에서도 장기적으로 변할 수 있고 또한 "시대에 부합"한다고 한다.

라드브루흐는 어떤 점에 있어서는 엄격한 실증주의를 뛰어 넘었으며, 이러한 점은 상당히 정확히 파악될 수 있는 것이다. 그는 – 그는 실증주의자였고, 그의 정신의 근본에서는 여전히 실증주의자로 남아 있었다 – 정상적인 국가행위와 사법행위의 사안에 대해서는 법적 안정성의 가치를 제한 없이 강조했다. 하지만 법률이 정의(正義)를 단 한 번도 목적으로 하지 않을 때, 그리고 법이 "전적으로 부정의(不正義)할" 때에는 그는 법률에 대한 복종을 거부했다. 그래서 헌법 이외에 다른 법원(法源)이 존재할 수 있는가라는 질문에 대해 그는 – 작지만 – 하나의 "문"을 열었다.

정확히 어디에 이 법원(法源)이 존재하는지에 대해 라드브루흐는 성공적으로 말하지 못했다. 하지만 그는 법실증주의의 전형적인 봉인을 걷어내었다. 물론 우리는 다음과 같이 제한적으로 기록해야만 한다. 즉 라드브루흐가 자연법을 인정하는 한 이것은 단지 "소극적"인 것일 뿐이라고 말이다. 그는 국가와 교회의 관계에 대해, 또는 형법의 내용에 대해 어떠한 것이 "자연법적으로 올바른" 헌법일 수 있을까에 대해서는 상세히 서술하지 않았다. 그는 단 한 번의, 특히 법이 명백하게 과오를 범한 상황을 두드러지게 했고, 또한 이에 국한하였다. 그는 그 밖의 점에서는 법적 안정성, 법률의 효력, 그리고 법률에 대한 실증주의적 복종이 (법학이론일 뿐만 아니라) 하나의 법가치라는 점을 분명하게 밝혔다.

3. 결 과

한스 켈젠과 구스타프 라드브루흐를 이런 방법으로 소개하고, 그들의 법이론적, 법철학적 기초사상을 서로 나란히 놓을 때, 왜 법치국가에서 강력한 헌법재판이 있어야 하는지를 비로소 이해할 수 있다.

내가 보기에는 켈젠과 라드브루흐 모두 일치되어 다음과 같은 점을 설득력 있게 설명해 내었다. 어떤 경우에도 내용을 가진 자연법은 더 이상 존재하지 않는다는 점이다. 만약 내용을 가진 자연법이 존재한다 하더라도, 우리는 — 여러 가지 까닭으로 — 어떠한 경우에도 그것에 결코 도달할 수 없다. 상위 규정으로부터 하위 규정을 내용적으로 추론해 내는 것은 불가능하다. 연역적 규범 체계에서 이끌어낼 수 있는 것은 아무것도 없다. 우리가 최종적인 정당화를 향해 손을 뻗어 잡는 그런 방법으로 우리는 그것에 접근할 수가 없다. 이런 의미에서 라드브루흐와 켈젠의 의견은 일치했다.

두 번째 확실한 점으로, 또 한 편 우리는 지난 세기에 법률이 "불법"일 수 있다는 경험을 하였다. (그리고 금세기에도 우리는 이런 경험들을 계속하고 있다). "인종 청소" 또는 인구의 일부를 없애버리는 것은 — 그 밖에 명백하게 인간 존엄에 반하는 위반 행위들처럼 — "법"이 아니다. 하지만 왜 그러한 법률적 명령을 규범적으로 받아들일 수 없는지 설득력있게 설명할 수 있는 이론이 없으면 이 법률도 효력을 가진다. 스스로 규정에 따라 움직이는 대다수도 불법을 만들어낼 수 있다는 점을 우리는 확실히 경험했다.

이제 헌법재판이 필요한 시기이다. 대다수가 눈이 멀어 모든 상황을 규범적이라고 믿게 되는 일이 불가능하다면, 적어도 명백한 규범위반의 경우에 규범적 통제를 다수의 결정에 유보시키는 심급(審級)이 존재해야 한다. 헌법재판의 경우도 다르지 않다. 우리는 헌법재판을 ― 어느 정도 과감하게 이야기해서 ― "헌법 수호자"라 일컫는다. 이러한 표현에서 알 수 있듯이, 헌법재판의 과제는 헌법에 근본적으로 규정되어 있는 것을 시대에 맞게 변화시키는 것, 그리고 헌법을 시대에 적합하게 적용하고 이해하는 것이다. 법률을 넘어 헌법이 존재한다는 것은 "법률적 불법"이라는 경험에서 나온 귀결에 다름 아니다.

Ⅲ. 헌법재판의 구축

독일의 헌법재판소 설치는 "강력하다"는 말로 짧게 요약해 볼 수 있다; 또한 헌법재판은 독일연방공화국에 강하게 구속되어 있다. 그 외에 덧붙이고 싶은 점은, 적어도 오늘날과 같은 민영화·세계화 시대에는 강력함과 구속을 결합시키는 것은 좋은 국가로 여겨져야 한다는 것이다. 나는 우리가 오늘날 살아가고 있는 전제조건하에서 왜 더 약한 국가가 바람직한지 잘 이해할 수 없다; 더 약한 국가를 선택하는 것은 어떤 측면에서도 진보적이지 못하다.

앞에서 언급한 바에 따르면 헌법재판이 일반적으로 지니고 있는 과제가 무엇인지는 대단히 명확하다. 헌법재판의 과제는 정치적 과정에서 법이 통치권을 가지도록 하는 것이다. 이 과제를 충족시키기 위해 헌법재판은 광범위하게 충분한 권한을 가지도록 설치된다. 이에 관련한 몇 가지 예를 들어 보겠다.

연방헌법재판소법(BVerfGG)에 따르면 (연방헌법재판소법 제31조 1항), 연방헌법재판소의 재판은 연방과 주(州)의 모든 법원과 관청 그리고 헌법기관에 대해 구속력이 있다. 연방헌법재판소법은 동시에 행정과 사법 및 사법 내부에서의 위계질서에 대해 충분한 기초를 다져 놓았다. 헌법재판소가 법률이 헌법에 합치되지 않는다고 확정하면, 이 확정은 법률의 효력을 가진다(연방헌법재판소법 제31조 2항). 이로써 연방헌법재판소는 늘 소극적으로 특수한 관점 — 즉, 다수의 결정이 헌법을 침해했다는 관점 — 에서 입법자보다 상위에 놓인다.

연방헌법재판소가 법원일 뿐만 아니라 "헌법기관"이기도 하다는 규정(연방헌법재판소법 제1조 1항)은 상징적인 성격을 지닐 뿐만 아니라, ― 적어도 관철되었던 법원의 판결에서, 그리고 그 밖의 몇 가지 결과적 효과에서 항상 ― 정치적 과정에 대해서도 아주 중요한 결과들을 근거짓는다. 헌법재판소의 이러한 지위와 관련되는 것으로서, 재판관은 반대의견을 낼 수 있고, 이 의견은 헌법재판소의 다수 결정과 함께 공개되며(연방헌법재판소법 제30조 2항), 헌법재판소는 고유의 예산을 가지며, 연방헌법재판소의 재판관 선출절차는 특별한 방식으로 안정적으로 작동된다: 재판관이 선출되려면 연방 의회와 연방 상원 각각 적어도 2/3 이상의 찬성이 요구되는데, 이는 언제나 ― 연립내각 외에도 ― 나머지 중 다수 정당이 그 사람에 대해 찬성해야만 하는 것을 의미한다. 두 번째로, 임기는 12년인데 ― 이는 헌법적 문제에서 독립성을 지니기 위해 충분히 광범위한 시간이다. 세 번째로 중요한 점은, 재선출이 금지된다는 점이다. 이 점은 ― 적어도 내가 보기에는 ― 정치적 과정으로부터 헌법재판관의 독립을 지키기 위해 특별히 중요한 전제조건을 실현시키는 것이다.

또 그 외에도 연방헌법재판소는 더 많은 권한을 가지고 있는데 ― 아래에서 짧게 언급하겠다 ― 독일에서 헌법재판과 정치의 관계가 어떻게 법률에 의거해서 확정되는지를 연방헌법재판소가 정치적 영역 내에서 보여줄 수 있다는 점에서 그러하다. 예를 들어 다음과 같은 것들이 이러한 관할권에 해당한다.

- 헌법기관 간의 분쟁(연방헌법재판소법 제63조 이하);
- 연방과 주(州) 및 주 사이의 분쟁(연방헌법재판소법 제68조 이하);
- 구체적인 법원절차의 외부 또는 내부에서 신청에 의해, 특정한 법률규범이 헌법에 합치되는지를 연방헌법재판소가 사후 심사해야만 할 때의 추상적·구체적 규범통제(연방헌법재판소법 제76조 이하, 제80조 이하);
- 국제법 규율의 구속력 확정(기본법 제10조 2항);
- 선거의 효력에 대한 다툼(연방헌법재판소법 제48조);
- 정당의 위헌성 확인 및 위헌정당 금지(연방헌법재판소법 제43조 이하);
- 기본권 실현(기본법 제18조, 연방헌법재판소법 제36조 이하);
- 연방대통령에 대한 탄핵 및 재판관에 대한 탄핵(연방헌법재판소법 제49조 이하, 제58조 이하).

이렇게 다채로운 권능을 통해, 우리는 연방헌법재판소가 정치적 행위에 충분히 간섭할 수 있음을 볼 수 있다. 정치적 행위에 간섭할 가능성은 사실 정치적 과정의 전체 영역에 걸쳐 있다. 국회의 원 선출에서부터 규범 파기 또는 민주주의의 상위 대표자들의 파면에까지 말이다. 더 나아가 이 권한은 연방헌법재판소의 행위가 어디에서든 정치적 과정과 밀접히 연관됨을 보여준다. 게다가 원칙적으로 독일 정치영역에서 기본법으로부터 자유로운 영역은 없다고 말할 수도 있을 것이다.

Ⅳ. 헌법재판의 제한

이 목차에서도 나는 아주 많은 상세한 점들을 요약하는 방식으로 이 주제를 시작하겠다. 이 주제는 다음과 같다: 헌법재판이 강력한 권능으로 무장된다면, 헌법재판은 똑같은 정도로 강력한 구속 및 제한을 받아야 한다. 권능이 제한되지 않는다는 것은 법치국가에 걸맞지 않다. 물론 이 제한도 다시 제한된다. 그러니까 헌법재판의 제한에 대해 설명하려면 "한편 이렇긴 하지만 반면 그러하기도 하다"는 문장구조로 말하게 된다: 헌법재판은 강한 구속을 받는지만 이 구속도 다시금 제한된다. 이 구속의 개별적인 내용을 살펴보면 이를 상당히 정확하게 확인할 수 있다:

정치적 과정에서 연방헌법재판소의 역할은 두 가지 성격으로 특징지어진다; 그 역할은 수동적이기도 하고 소극적이기까지 하다. 이러한 전제조건하에서 연방헌법재판소의 지위를 잘 요약·이해할 수

있을 것이다:

- 연방헌법재판소는 발의권이 없고, 허용되는 법적 수단을 기다려야만 한다. 법률이 명백하게 헌법에 위반될 때라도, 헌법재판소는 자발적으로 고치려고 행동할 수 없다;
- 연방헌법재판소가 이성적인 법상태를 실현할 가능성은 강하게 제한된다. 연방헌법재판소는 단지 위헌적인 상태를 표시하고 그 규범을 빼앗아 버릴 수 있을 뿐, 헌법규범에 상응하는 것들을 적극적으로 정할 수는 없다. 이러한 점에서 입법자는 여전히 자신의 결정을 통해 어떤 상황을 규율할 권리를 가지고 있다. 하지만 여기에는 또 한 번의 제한이 이루어진다: 헌법재판소는 특정한 기간에 대한 가명령(假命令)(헌법재판소법 제32조)을 넘어서 입법자가 스스로 활동하게 될 때까지 어떤 상태를 적극적으로 규정할 수 있는 권리를 가지고 있다. 그래서 예를 들어 형법전상 임신중절에 대한 규율의 합헌성을 다투는 소송(역자 주: BVerfGE 88, 203)에서, 입법자의 최종적 결정이 있기까지 어떤 법상태가 유효한 것인지가 포괄적으로 명령된 바 있다. 또 연방헌법재판소는 — 이것 역시 제한인데 — 이른바 "과소금지"(역자 주: BVerfGE 88, 203, 251 ff.) 또는 "(국가의) 보호의무"라는 이론과 실무를 발전시켰는데, 이는 동

일한 방향으로 작용한다. 이러한 도구들의 도움으로 입법자에게는 (상세한 것들은 여전히 그의 결정 권한에 머물러 있긴 하지만) 특정한 방향으로 활동할 의무가 부여된다;

– 연방헌법재판소는 그의 결정에서 소송참가자의 청구사항에 구속되어 있다. 연방헌법재판소는 법적 문제를 확장하는 것이 이성적이라고 생각할 때에도 법적 문제를 확장할 수 없다. 다시 말해 소송참가자의 청구사항에 따라 처음부터 연방헌법재판소의 활동은 제한되는 것이다. 물론 여기에도 한 가지 예외가 있다: 불복의 제기가 허용되는 경우에, 연방헌법재판소는 그 자신의 판결로써 헌법에 위배될 수 있는 것들을 모두 심사할 수 있다;

– 이른바 전문재판권으로 불리는 형사법원, 민사법원, 재정법원, 노동법원, 사회법원 또는 행정법원과의 경계 설정에서 연방헌법재판소는 단지 "고유한 헌법"만을 적용할 수 있다. 다시 말해 연방헌법재판소는 헌법 영역을 건드리지 않는 법원과의 도그마틱적 경합에 개입해서는 안된다. 전문법원에 유보된 이 영역은 특별히 크고, 단일법 영역에서 헌법재판소의 법형성을 금지한다. 여기서도 당연히 이 제한이 지닌 한계가 흐릿하게나마 보인다; 오늘날까지도 무엇이 도대체 "고유한" 헌법으로 상세히 표현될 수 있는지가 다투어지고 있는

문제이고, 이 다툼은 전문재판권과 함께 지속적으로 문제가 되고 있는 점들이다;

– 헌법소원에서 헌법재판소에게는 단지 보충적으로만 결정의 권한이 부여된다(연방헌법재판소법 제90조 2항). 연방헌법재판소에 소원을 제기하기 전에 전문법원에서의 권리 구제 수단이 완전히 진행되어야 한다. 이는 – 연방헌법재판소의 업무를 경감하는 측면 외에 – 무엇보다도 연방헌법재판소가 스스로 결정하기 전에 우선 한번 전문법원의 논거를 듣고 그것을 존중할 수 있다는 데 의미가 있다. 이런 방법으로 연방헌법재판소의 결정재량은 더 줄어든 것이나 마찬가지이다. 물론 또한 이 때에도 제한이 있다: 연방헌법재판소의 결정이 일반적인 의미를 지니거나 헌법소원 제기자에게 중대하고 회피불가능한 불이익이 발생하는 경우에 연방헌법재판소는 그런 보충성의 의무로부터 빠져나올 수 있다.

연방헌법재판소는 한편으로 엄격한 재갈을 가지고 있고, 이 재갈은 다시 다른 재갈을 통해 한정된다. 그렇지만 다른 한편으로 이 재갈은 스스로 다시 늘어날 수 있다는 점을 볼 수 있다. 이는 특별히 연방헌법재판소가 헌법과 정치적 과정 사이의 한계를 확정지을 때 실무적 의미가 있다. 독일에서는 “정치적 문제”라는 학설(political question-Doktrin)

을 따르지는 않지만, 정치적 결정에 유보되는 영역에 침입하지 않기 위해 아주 실용적인 신중함을 발전시켰다.

V. 몇 가지 실천적 결론

마지막으로 나는 몇 가지 상황에서, 정치적 행위와 법원행동의 실무에서 헌법재판과 정치적 과정 사이의 관계가 어떤 영향을 가지는지 보여주려 한다.

정치는 자신의 문제를 헌법재판소에 떠넘긴다는 비난이 언제나 계속되고 있다. 이 비난의 내용이 옳다는 점에는 논쟁의 여지가 없다. 독일의 연방과 주는 상호간에 세금의 분배에 대하여 규율로부터 타협을 이끌어낼 수 없는 상태에 놓여 있음이 명백하다. 예를 들어 연방과 주(州) 사이에 도로에 대한 경비 부담의 배분이 문제될 때처럼 행정작용의 구체적인 상세한 내용에서도 헌법재판소가 필요하다. 외교정책 영역에서도 이런 방향의 경험들이 많이 있다.

나는 물론 이 모든 것을 불행이라 생각하지 않고, 또 비난할 수 있는 기초라고 생각하지도 않는다. 연방헌법재판소는 입법자도 행정부도 더 이상 행위할 역량이 없고, 오직 중립적인 제3자만이 의미있는 타개책을 지시해줄 수 있는 그런 특정한 상황속에 존재한다. 그러므로 연방헌법재판소는 이 역할

역시 받아들여야만 한다. 다만 문제는, 어디까지가 연방헌법재판소의 그러한 과제로써 여전히 받아들여질 수 있는지 그 한계선을 확정하는 것이다.

좀더 나아가 연방헌법재판소가 "정치적 사법"을 구사한다는 비난도 있다. 이 비난 역시 본질적으로 정당하지 않다. 첫 번째로 비정치적인 사법이란 원래부터 존재하지 않는다. 이 점은 법학자 간에 더 이상 길게 다투어서는 안 된다. 첫 눈에 "무해할" 것으로 보이는 전문법원의 상황 역시 진정한 정치적 다툼으로 격화될 수 있다. 두 번째로 연방헌법재판소로 옮겨지는 사안들은 보통 정치적으로 구성된 사안들이라는 점을 인식해야 한다. 연방헌법재판소는 그런 상황의 정치적 특징을 지적하면서 판결을 단순히 거부할 수 없다. 유일한 문제는, 연방헌법재판소가 (소송)절차를 정치적 영역으로 바꾸어 버리지 않고, 법적인 범주들에 따라 결정을 내리는 데 성공하느냐는 점이다. 대중과의 관계 역시 연방헌법재판소에 중요하다. 대중과의 관계는 헌법재판소의 판결을 그들이 수용하는 데 도움이 되고, 이성적인 — 내 느낌으로는 우리가 만들어내는 바와 같은 — 언론보도에서 피할 수 있는 갈등을 막아준다.

헌법재판과 정치적 과정의 관계는 재판관 선출에서 잘 알 수 있다. 연방 의회와 연방 상원이라는 헌법기관을 통해 재판관 선출이 이루어지는 것은 올바르다. 왜냐하면 이렇게 근본화됨으로써 연방헌법재판소의 합법성이 뚜렷이 강화되기 때문이다. 어떤 재판관이 헌법재판소에 걸맞고, 어떤 사람은 그렇지 않은지에 대해 의견이 일치해야 하는 장소가 최종적으로 정치적 정당이라는 점 역시 올바른 일이다. 그러나 그로부터 정당정치의 필요성이 생겨난다는 점은 확실히 옳지 않다. 그렇지만 정당정치가 개별 사안에 영향을 주고 있다는 점은 부인될 수 없다. 더 나은 논거의 효력이 관철된다는 점은 재판부의 심의에서 언제나 확실히 경험할 수 있다. 내가 이해하기로는 재판부 심의에서 그 어느 누구도 특정한 결론을 선호하는 의지를 가질 수 없다; 특정한 결론을 선호하게 되면 충분한 유동성도 없고, 동료들의 논증에 대해 이성적으로 반응할 수도 없기 때문이다.

또 한 가지 중요한 점은, 정당에 속해 있는 재판관은 재판관으로서 직무를 수행하는 시기 동안 그의 정당 소속이 정지되며, 그는 완전히 정당정책적인 측면을 자제한다는 점이다. 좋은 언론과 깨어 있는 대중들로 하여금 더 정확히 관찰하게 하는 것도 이 점에 있어 유익하다. 연방헌법재판소는 이런 주의 깊은 관찰 아래 놓여 있고, 재판관이 특정한 정당의 의견에 너무 가까이 있다는 인상을 언제 불러일으키는지는 미디어에 매우 정확하게 포착된다.

마지막 예로 헌법재판과 정치적 과정 사이의 경계를 잘 볼 수 있다. 독일에서는 연방헌법재판소의 업무가 과중했던 시기에 자유로운 수락 절차를 가진 미국 연방대법원(Supreme Court)의 실무에 대해 논의한 바 있다. 그 절차에서 미국의 연방대법원이 어떠한 사건을 재판하고 어떠한 사건을 재판하지 않을 것인지의 문제를 법적 구속력은 갖지 않은 채 대답할 수 있다. 우리는 우리를 위해 그런 가능성을 거절했다. 우리에게 그런 가능성은 너무 "정치적"이며, 너무 "자유롭고" 구속력이 없는 것으로 여겨졌다. 연방헌법재판소 재판관의 의견에 따르면 헌법소원 역시 법적 근거에 따라 재판해야 한다. 왜냐하면 바로 이런 소송방식' 위에서 시민에 대한 구속력이 생기기 때문이다.

모두 요약하자면, 아마도 다음과 같은 점에 중점을 둘 수 있겠다: 연방헌법재판소는 정치적 과정에 간섭하지 않아야 하고, 오히려 정치적 과정을 헌법적으로 "소중히 다루어야" 한다. 어떠한 정치적 선택이 행해지는지가 아니라, 정치적 선택이 어떠한 점에서 헌법적 보호 영역을 침범하는지가 연방헌법재판소의 판결에 달려 있다. 연방헌법재판소는 정치적 과정을 결정짓는 내용을 확실히 해야 하는 것이 아니라, 그 부수적인 조건들을 확실히 해야 한다.

이에 걸맞는 법이론적 노선이 있는데, 이는 연

방헌법재판소의 최근 판결에서 점점 더 명확하게 두드러진다. 이는 바로 절차화(Prozeduralisierung)라는 노선이다. 연방헌법재판소는, 내용이 아니라 내용을 이끌어내는 절차가 그 자신의 법률사건인 것으로 가정한다. 연방헌법재판소는 입법자에게 항상 더 넓은 결정재량을 위임한다. 예를 들어 내가 소속된 재판부에서 유로(Euro) 통화 도입이나 수형자에 대한 임금지급 판결에서 이를 실용화했었다. 그때 우리가 언급하기로, 상세한 내용이 어떻게 규정되는지에 대해 연방헌법재판소는 완전히 입법자의 결정에 따른다고 말했다. 그렇지만 우리는 입법자가 — 어떠한 내용을 가진 것일지라도 언제나 — 일정한 시기에는 입법해야 한다든지, 또는 입법자는 입법할 때 특정한 기본원칙을 지켜야 한다는 점을 말하는 방식으로 입법자에게 절차를 지시했다.

확실히 절차화에 관련된 모든 상황들이 해결될 수는 없다. 확실히 많은 점에 있어 실체적으로만 결정될 수 있는 본질적인 법적 문제가 있다. 하지만 연방헌법재판소가 절차화의 이론과 실무에 주의할 때 법원은 가능한 한 이성적이고 더 나아가는 노선을 찾게 될 것이다.

[3] 헌법과 사법권력

I. 기본법에 대한 찬사

사법권력이 헌법과의 관계에서 문제가 있다면, 헌법이 그 문제의 원인은 아니다.

기본법(Grundgesetz)은 견고함과 지나치게 화려한 장식 사이의 수준으로 사법(司法, Justiz)을 설치했고, 사법을 시민들에게 밀접하게 연관시켰다: 기본법은 근대 사회가 올바르게 작동하기 위해 사법기관이 필요로 하는 모든 수단을 사법기관에게 주었고, 사법에게 사회적 변화 속에서 계속 발전해 갈 여지를 주었다. 또한 기본법은 사법에게, 사회화된 세계에서 살아남는 데 꼭 필요한 권리들을 보호하도록 위임하였다. 헌법의 위임에 따라 재판권은 우리에게 가장 귀중한 자산의 하나가 되었다.

1. 제도로서 사법

사법을 정당화하고 사법을 살아 있게 하는 것, 즉 재판권을 얻어내는 것, 다시 말해 자유와 평등의 전제조건으로서 모든 사람에게 효력이 있는 법률의 지배는 민주주의 법치국가의 핵심이다. 마치 민주주의 법치국가가 헌법으로부터 그 윤곽이 그려졌던 것처럼 말이다. 이런 지배를 보장하는 것이 제3의 권력이다. 사법의 토대는, 마치 돌에 새겨진 것처럼, 기본법 제92조와 제97조 1항에 쓰여져 있다: "사법권은 법관에게 맡겨진다. 사법권은 연방헌법재판소, 기본법에 규정된 연방법원 그리고 각 주(州)의 법원에 의해 행사된다". 그리고: "법관은 독립적이며 법률에만 따른다." 이러한 단순한 단어들의 뒷배경에는 몇 세기 전부터 경험했던 억압, 테러, 금치산 (선고) 및 부자유(不自由)가 바탕이 되어 있는데 — 우리는 이미 몇 세기 전에 이 경험을 끝낸 것이 아니다. 인간을 위한 좋은 사법이 의미했던 바는 몇 세기 전부터 법의 철학이나 예술을 설명하는 데 현존하고 있으며, 몇백 년간에 걸쳐 매번 다시 손상되고 그러고 나서 매번 다시 일으켜 세워졌던 것이다.

최근 우리 역사에서 겪었던 나쁜 경험들뿐만 아니라 다양한 좋은 사례들도 사법을 다루고 있는 기본법 제9장을 형성하고 있다. 외국의 헌법 모델들과 함께 무엇보다도 기본법의 어머니와 아버지라고 배워 온 파울스키르헤(Paulskirche)의 제국헌법과 바이마르(Weimar) 헌법이 바로 그것들이다. 이 헌법들은 두 가지 메시지를 갖고 있다:

— 기본적인 인권 및 시민권은 복리에 부합하게 정의(定意)되고 보장, 보호되어야 한다,

— 국가 권력은 안정적이면서도 자유로운 질서 속에 있어야 한다.

그리고 기본법 제1조는 인간 존엄을 다른 모든 것보다 상위에 두는데, 이는 불가침이고 모든 국가 권력이 보호, 존중하는 것이다. 이는 또한 사법권의 프로그램이다.

사법권의 설치는 이 프로그램을 따른다. 연방 법원과 주 법원은 서로 투명한 관계를 가지고 있으며 실천적 이성을 통해 서로 결합되며 서로에 대해 한계가 그어져 있다. 법관의 독립성은 사법권이 법률에 엄격히 따르기 위한 전제조건이다. 그리고 사법권의 기초는 법률에만 있는 것이 아니라 실제적인 것들, 예를 들어 연금, 전직 및 면직의 메커니즘에도 존재한다. 법관의 법적 지위는 명확하게 정의되어 있고, 그들은 국가로부터 충분히 멀리 떨어져 있다; 법관은 공무원은 아니지만 법관선출위원회에 종속되며, 법관선출위원회는 법관을 입법 및 행정과 특수하게 결합시킨다.

2. 기 본 권

한계선에 대한 분쟁이 있을 때, 일상생활 속의 기본권을 감시할 수 있는 것은 사법권력이다. 이것은 사법에 주는 하나의 선물이다. 이 선물은 사법을 시민과 연결시키고, 사법이 사람들에게 사랑받고 가치있게 되도록 만들며, 사법의 신용과 존중을 창출한다. 헌법이 의도하는 바처럼, 건강, 자유, 재산에 대한 인간의 모든 권리들을 균형 있게 보호하는 것이 바로 인류의 꿈이다. 이 꿈이 현실화되는 과정에서 불가피하게 그 본질을 잃어버린다 하더라도, 재판권은 그 권력, 즉 인간이 정의를 추구할 때 그들에게 가장 가까이 있어야 하는 그러한 권력에 여전히 머물러 있다.

이러한 점은 단지 기본권에만 통용되는 것이 아니라, 비록 명확하지는 않더라도 기본권과 유사한 권리들에 있어서도 동일하게 통용된다. 기본권과 유사한 권리들은 상당 부분은 사법에 의해 직접적으로 좌우되며, 따라서 이 권리들은 헌법에서 사법에 관한 규정과 같은 장, 즉 제9장에 규정되어 있다. 법적 진술권, 특별법원 금지, 사형 폐지, 피고인 및 피구금자에 대한 기초적 권리 보장은 불법과 테러로 향하는 문을 완전히 닫아버리고자 하는 기본법의 단호한 태도를 입증한다. 이 문 앞에 바로 재판권이 배치되어 있다.

3. 기본법에 대한 비판

기본법은 당연하게도 논쟁의 외부에 있지 않다. 모두가 기본법의 찬사에 동의하는 것은 아니며, 어떠한 것도 절대적일 수 없는데, 이는 바람직한 것이다. 기본법은 유효한 헌법으로서 열린 사회에서 동의뿐만 아니라 반대와도 맞부딪칠 수밖에 없으며, 또한 사회적 변화와 시대정신에 조응하거나 조응을 거부하는 가운데 이루어지는 고통스러운 발전에 내맡겨질 수밖에 없다. 헌법은 기념비가 아니라 살아있는 생명체이다. 따라서 헌법은 그 문언의 본질을 침해하지 않는 부분에서 끊임없이 변화한다; 그 부분은 헌법 전체와 헌법이 존재하고 있는 배경 및 상황과 함께 변화한다.

기본법에 대해서는 예를 들어 다음과 같은 반론이 제기될 수 있다. 즉 기본법에는 참여의 기회가 너무 적게 열려 있다거나, 기본법이 사법을 너무 낭비적으로 많이 설치해서 법치국가 대신 소송국가를 조장한다는 것 등이 그러한 반론이다. 또한 시대적 차원에서 다음과 같은 비판이 제기될 수도 있는데, 기본법은 기본권 영역에서뿐만 아니라, 가능한 한 근본적인 영역에서 가능한 한 모든 것을 가능한 한 종국적으로 확정지으려는 희망 속에서, 원래는 간결하고 명확한 규율들을 말 많고 까다로운 지침으로 부풀림으로써 오히려 사법을 완전히 불신하게 만든다는 것이다.

그러나 그러한 비판을 다시 비판함으로써 적당한 근거들을 이 영역으로 이끌어낼 수 있다는 점을 제외하고서는, 이러한 이의 제기 방식으로는 좋은 재판을 가능하게 만드는 잠재력을 지닌 기본법에

도달할 수 없다.

헌법은 비판을 통해 훼손되는 것이 아니라 오히려 강해진다. 이러한 비판이 사안에 관계하고 헌법 그 자체와 싸우지 않는 한, 그리고 우리 사회와 규범적으로 결합하고 있는 것으로부터 기본법이 완전히 멀어지는 것이 아닌 한에서는 말이다. 자연법으로 헌법을 평가할 수 있고, 자연법을 통해 헌법이 정당성으로부터 얼마나 떨어져 있는지를 가늠할 수 있다고 말하지만, 자연법은 우리가 가지고 있는 것이 아니다. 자연법은 지금 여기에서 우리가 명료하게 인식할 수 있을 뿐만 아니라, 우리들을 정서적으로도 서로 결합시켜주는 법적 확신들로 구성된 하나의 띠이다: 우리는 인생의 부침(浮沈) 속에서 이러한 법적 확신들 위에 걸터앉아 있다. 이러한 확신들은 영원히 지속되는 것이 아니고 또 모든 곳에서 지속되는 것도 아니다; 하지만 이들은 확실히 일정한 기간 동안 지속되며 오늘 내일 바로 바뀌는 그런 것은 아니다. 법적 확신은 또한 사법권을 활동시킨다. 그것은 분쟁사건에 있어 사법권을 심사하고, 처리하며, 고치고 또 구체화시킨다. 그리고 또 규범적인 의사소통을 위해 우리에게 필요한 것들을 생생하게 유지시킨다.

Ⅱ. 사법에 대한 의심

1. 법의식의 백내장

기본법 제50주년이 지난 지금 사법권이 나쁜 헌법에 놓여 있다고 말하는 것은 어떠한 경우에도 정당화될 수 없다. 규범적인 의사소통의 한계를 전격적으로 보여준 사건인 "장애인 판결"이나 "십자가상 결정"에 대한 격렬한 저항에도 불구하고, 우리는 바로 ― 1999년 2월 중순 ― 그 시기에 예를 들어 이스라엘이나 홍콩에서 벌어졌던 일들과는 아주 멀리 떨어져 있다: 그 곳에서는 즉 국가 사법보다 믿음 내지 종교적 정당성이 상위에 놓이게 되거나, 행정부가 판결을 무효로 선언하는 것과 같은 일들이 벌어졌었다.

비록 모든 걸 속이는 것은 아닐지라도, 우리는 가까운 장래에 그와 같은 일반적인 법의식의 백내장상태에 우리 자신을 맞출 필요는 없다. 또한 우리나라에는 법치국가적인 사법의 기둥들을 인식할 뿐만 아니라 위기에 처할 경우에 그것들을 보호할 결의에 차 있는 사람들이 충분히 많으며, 이에는 기본법의 공도 적지 않다.

그럼에도 불구하고 기본법이 제정된 지 50년이 지난 지금 사법권력의 체제에 대해 비판적으로 고찰하게 된 동기가 있다. 이 고찰에서 나는 구조들로부터 내용들을 분리하고, 그 결과에서 이 내용들을 배제하려 한다.

2. 내 용

사법이 일상적으로 만들어내는 내용들이 비판에 직면한다는 점(위의 I.3.)에 대해 어떤 사람도 놀라지 않는다. 그리고 이 점은 일반적으로 헌법뿐만 아니라 사법권에도 좋은 약이 된다.

재판을 받는 사람이 만일 자신의 권리를 확신하였고 판결이 난 이후에도 그 확신에 머무른다면 당연히 비판할 동기와 근거를 가지게 된다. 또한 간접 참여자이자 관찰자인 우리 모두는 법원의 판결에 대해 종종 자신의 의견을 가지고 있으며, 보통의 경우에 사람들은 그 판결에 의해 자신의 견해를 변경하지는 않는다. 정의가 무엇인지를 묻는 질문에 대해 우리 모두는 전문적 지식이 있고, 언제나 자유롭게 자신의 감정서를 내어 놓을 수 있다. 이는 개개인의 사법권자에 한하여만 관련되는 것이 아니라 사법의 일반적 경향과 관련된다: 많은 사람들이 임대차법, 세법, 난민법 및 소년형법이 일반적으로 발전하는 데 동의하지 않으며, 그들은 각자의 근거들을 가지고 있다.

그럼에도 불구하고 그런 내용에 대한 비판이 다음과 같은 내용일 때에야 비로소 기초적인 결함을 제거하라고 요구하게 된다: 사법이 규범적인 사회 의사소통에서 멀어졌고, 우리 모두에게 타당한 법적 확신의 띠를 벗어났다는 내용(위 I.3.)이어야만 하는 것이다. 당연하게도 나는 지금 법에 대해 이렇게 비판하는 것을 볼 수 없다. 판결에 대해 강하게 질책하거나 판결의 내용에 대해 명백히 불만족을 표현하더라도, 사법이 자신의 작업을 매우 정상적으로 수행하고 있다는 점에 대해서는 근본적으로 이론(異論)이 제기되지 않는다. 비판이 내용적으로 특정한 지점 및 특정한 경향에 닿는 한, 이는 언제나 다시 숙고하고 다시 심사하게 되는 계기가 되기는 하지만, 그것이 키의 방향을 바꾸어야 할 이유가 되지는 않는다. 방향을 바꾸게 되는 계기는 사법에 대한 의구심이 다음과 같은 구조에 다다를 때에야 비로소 고려된다: 사법의 설치, 체계, 일반적인 사법절차 및 특히 사법과 주변 환경과의 관계.

3. 구 조

사법권의 구조에 대한 비판이 존재하고, 이 비판은 변화를 요구한다. 구조에 대한 비판들은 당연하게도 모두 같은 뜻을 지닌 것은 아니다. 또 이구동성으로 동일한 것을 외치는 것도 아니다. 오히려 이 비판들에는 각각의 비평가들이 좋은 사법이라고 생각하는 상이한 모습들이 반영되어 있다. 그럼에도 불구하고 이 비판의 기본색은 하나 있다. 사물의 이면에 주의하지 않은 채 매우 극단적으로 그리고 매우 단순화시킨다면 그것은 이런 점이다: 사법은 그의 주위로부터 점점 더 이해되지 못하는 것이 될 수 있다.

(1) 행정의 시대 공평하게 말하기 위해서는 사법의 목소리뿐만 아니라 그 주변 환경에도 귀를 기울여야 한다. 하지만 사법을 돕기 위한 책임의 분배와 같은 것은 실상 사법을 그리 많이 돕지 못한다; 왜냐하면 결국에는 항상 사법에 문제가 있기 때문이다. 이 문제에는 많은 단면들이 있다. 대부분은 단기적으로 씨름하게 되는 문제들이고, 다른 문제들은 장기간에 걸쳐 경우에 따라 주의 깊게 적응시키고 방향을 바꿀 것을 수락하기도 한다. 나는 몇 가지 사항을 약간 고려하면서 이를 구체화시켜 보고자 한다.

장기적으로 볼 때 사법은 현재성에 매몰되어 있는데, 이 현재성의 구조들은 사법권력의 특징을 표현하는 사람들, 그리고 사법권력이 자신의 과제를 그르치지 않기 위해서 가까운 장래에는 포기할 수 없는 그런 사람들에게 잘 맞지 않는다. 우리가 그것을 개념화시켜 본다면, 우리는 사법 친화적인 시대가 아니라, 바로 행정의 시대에 살고 있는 것이다.

현대의 발전된 사회는, 그리고 우리 역시, 그 사회의 문제들을 권력의 위험성(Risiko)으로 느끼고 있다. 이 문제들은 갑작스럽게 전개되고, 전 세계에

퍼지고 있으며, 포괄적이고 신속한 해결책을 강하게 요구하고 있다. 해결책에 대해 길게 숙고할 시간이 없고, 문제해결 도구들을 우선 한 번 시험해 본 후 그것을 투입할 것인지, 투입한다면 어떻게 투입할 것인지를 결정할 준비도 되어 있지 않다. 많은 것들은 단지 실험적으로만 작동한다. 그것은 이전에 충분히 실험되었기 때문이 아니라, 그것이 갑작스런 투입에 따라 작용하지 않게 되고 그로 인해 곧 다른 것들로 대체되어야 하기 때문이다(언제나 명확한 점은, 이러한 언명이 현실의 실제성에 관한 것이 아니라, 우리가 실제성을 인식하는 데 관한 것이라는 점이다; 이 문제가 '실제로' 존재하는지, 그리고 어떤 형태로 존재하는지는, 이 문제를 지각하는 것이 안정적이고 그것이 또한 현시대의 일인 한 아무런 의미가 없다).

이 모든 것은 상징적인 정치를 위한 화단과 같은 것이다. 상징적인 정치는, 자신이 올바른 방향으로 맹렬히 돌진하고 있다는 인상을 유지할 수 있는 한에서 효과적이긴 하지만, 희생이 크고 여러 가지로 논란이 되며 시간이 오래 걸리는 번거로운 해결방법을 취할 필요가 없는 것이다.

바로 이 점에서 모든 것을 체계적으로 발전시킬 여지가 없다. 하지만 우리 모두는 어디서부터 이러한 언명이 생겨났는지를 알고 있으며, 또한 모두들 그에 대해 자신의 생각을 가지고 있다. 그래서 나는 명확한 특성들에 한정하겠다. 현재를 특징짓는 표제어들로 다음과 같은 것들을 예로 들 수

있다: 위험(Gefahr), 거대한 위험성(Risiko), 효율성, 예방, 투쟁, 조정; 그 전장(戰場)들로는 다음과 같은 것을 예로 들 수 있다: 세계화, 실업, 환경오염, 권력, 마약, 외국인, 범죄, 연금, 핵산업, 부패, 내전; 필요한 사람들은 다음과 같다: 시행하는 사람, 개혁하는 사람, 단호한 정치인, 지체없는 문제해결을 위해 믿을 만한 중재자. 제동을 거는 사람, 주저하는 사람, 선량한 사람에게는 좋지 않은 시대이다.

(2) **사법의 본분** 사법권에게도 좋지 않은 시기이다. 사법권은 점점 더 행정의 그림자 속에서 희미해진다. 때때로 국내 행정의 옆에서 사법 행정은 더 이상 전혀 지각되지 않는다. 말하자면 법무부는 내무부 속으로 사라져 가고 있으며, 다시금 힘들게 끄집어내야만 한다. 그 후에는 다시 꺼내기 힘들다. 이런 현상에는 충분한 이유들이 있고, 이 점들은 사법과 현재를 함께 계산하지 않는 사람들에게만 놀라움을 줄 뿐이다.

사법의 본분은 행정이 지닌 욕구와는 완전히 반대다[위의 II.3.(1)]: 투쟁이 아니라 형량하기, 단호함이 아니라 사려깊음이 사법의 본분이다. 사법을 만들어내는 데에는 시간이 필요하고, 사법은 통상적으로 문제를 해결할 수 없고 기껏해야 문제를 결정하거나 심지어는 문제를 검토하는 것 정도만을 약속할 수 있다. 사법은 의도했건 아니건 간에 기대를 실망시키고 침해를 가해야만 하며, 그리고 그것을 미화시켜 말하지 못한다. 사법은 아무리 하고 싶더라도 보통 스스로 계획해서는 안 되고, 부름을 받을 때까지 기다려야 한다. 사법은 항상 일이 터진 다음에야 나타난다. 사법은 앞쪽에서 운영되는 것이 아니라 뒤에서 따라 뛰고 있으며, 빠르고 효율적인 문제 해결보다는 오히려 그것을 방해하는 부담스러운 원칙 아래 놓여 있다: 단호한 조치를 취하는 대신 비례성을, 신속성 대신 철저함을, 즉각 결정하기보다는 다방면으로 들어보고 고려해 보기.

이렇게 사법이 표명하는 것들에 대해 신속하고 명료한 결과가 뒤따른다. 대중은 사법권의 구조에 대해 점점 더 납득하기 어려워한다. 그들은 사법이 부담으로 여겨지는 시대에 어울리지 않는 사람들이다. 누구나 비난의 내용을 알고 있다: 사법은

— 너무 비싸고 오래 걸리고,
— 그 신중함 때문에 이성적 정치를 방해하며,
— 사람들의 실제 문제들을 이해하지 않고,
— 스스로에게만 몰두하며,
— 사안을 단순화하지 않고 더 복잡하게 만든다.

이 중 큰 의미가 없는 것들은 빨리 변화되어야 한다. 우리는 위험을 지배하는 통제가 필요한 위험사회로부터 문제해결의 역량에 대해 근거있는 신뢰가 가능한 편안한 공동체로 발전하고 있는데, 이 점은 실제로는 눈에 보이지 않는다 — 하지만 이는

바로 위[Ⅱ.3.(1)]에서 묘사된, 현대 사회를 현대적이라고 규정하는 지각과 욕구들이다. 다른 측면으로, 시대에 보다 더 적합해지기 위해 사법이 그 구조를 포기하는 것은 규범적으로 바람직한 일이 아니다. — 이는 사법의 가치를 형성하고 제도 전체에서 사법에게 그 자리를 배분하는 바로 그런 구조들이다.

Ⅲ. 사법에 대한 희망

물론 이 모든 것이, 사법이 그 현재적 상황을 철저히 숙고한 후 개선되어야 한다는 점을 부인하지는 않는다. 거기에는 단기적으로 시도해야 할 타개책이 있고, 경우에 따라서는 장기적으로 변화될 수 있는 관계도 있다. 하지만 사법의 본분을 손상시키지 않는 한에서만 현재 및 가까운 장래의 요구들에 동의할 수 있다.

1. 투명성과 사항에의 근접성

많은 사람들에게는 다음과 같은 확신이 널리 받아들여진다. 오늘날 법치국가에는 복잡함, 지루함보다 구조의 투명성과 결정의 신속성이 있어야 하며, 법치국가는 이러한 방법을 잃어 버려서는 안 된다는 것이다. 법정책은 어쨌든 곧 다가올 미래에 이러한 확신의 뜻에 따르려 한다. 법정책에는 많은 길들이 열려 있다. 이는 법의 탐색에 대해 단계적으로 처분권이 있는 심급의 수뿐만 아니라, 예를 들어 법적 절차의 구조와도 관련된다. 보장된 권리 및 제도들에 대한 침해의 저편에서 사법이 단순화되고 투명해질 가능성은 높다. 대부분의 법률가들은 이 점을 (더 이상) 다투지 않는다. 몇 가지 예를 들어 보겠다.

사법 행정은 사법권이 가진 개혁 수단이다. 이 개혁 수단을 통해 사법권은 수많은 이성적인 일들을 해 낼 수 있을 것이며, 그래서 이 개혁 수단에 대해 법관과 검사들의 관심이 필요하다. 예산 편성의 도구를 사용하여 법원에게 주어질 가능성들은 아직 충분히 검증되지 않았다; 우선 이 가능성들은 만성적으로 부족한 자원들을 사리에 더 맞게 사용할 수 있게 하여 법원이 다른 과제들을 더 쉽게 할 수 있게 한다. 법정 관리자(Court Manager)를 지혜롭게 투입하는 것도 좀 더 자유롭게 해주고 쉽게 만들 수 있다. 현대 행정이론 및 의사소통기술의 발전은 사법권 분야에서도 차용되기 위해 진지하게 검토될 만하다. 이는 더 이상 독창적인 생각이 아니다.

마지막으로 법률가 양성 교육이 변화하고 있다. 법률가 양성 교육은 좋은 사법, 시대에 부합하는 사법을 위해 중심이 되는 전제조건이지만, 특별히 사법권 개혁에 저항적인 분야이다. 이 분야에서 일하고 고민했던 거의 모든 사람들은 개혁의 필요성뿐만 아니라, 개혁의 방향 및 그 본질적인 특징에 대해 오래 전부터 자신만의 의견을 가지고 있다. 아직 그 중 아무것도 사용되지는 않았지만 말이다. 바로 이 수단의 부족함 때문에 여기에 분쟁 상황이 나타난다:

편집증적인 자료수집과 시험 절차는 학생들에게 공포를 만들어내고 그들이 동기를 상실하게 하며, 잘못된 학습 태도를 강요하고, 좋은 법률 실무가 어떤 것인가라는 질문을 뒤로 미루게 하며, 법률적 사고로부터 그들을 딴 방향으로 틀어 놓는다. 이것들은 이제 다음과 같은 젊은 법률가들의 가르침에 자리를 양보해야 한다. 젊은 법률가들은 현명하게 골라낸 사안들을 통해 좋은 법률가들은 이 문제를 어떻게 인식하고 처리하는지를 예시적으로 보여주는 교육을 한다. 또 초기에 실무에 대해 설명하고 이를 재차 반복하고, 시험을 교육과 연결시키며, 학생들이 스스로 사안에 다가가기 쉽게 하고, 시험에서 성공하게 한다. 사법권에서 그런 개혁이 성공하기 위해서는 많은 시간동안 기다려야 할 것이다. 하지만 개혁은 대단히 중요하다.

짧게 요약해 보면: 전승되어 온 구조들을 그것이 전승된 것이라는 이유 때문에 유지한다는 것은 사법의 본분[위의 II.3.(2)]에 속하는 것은 아니다. 실험도 철회 가능성, 한정성 및 지배가능성이라는 자명한 전제조건을 충족한다면, 사법에 이질적인 것이 아니다. 그리고 법관의 독립은 그의 외부에 있는

영역의 변화를 막아주는 우산은 결코 아니다; 법관 외부의 영역은 작지 않다.

2. 저항성과 합법성

시대에 부합하는 사법의 과제는 그 주변의 변화하는 요구들을 받아들여야 하며, 그 요구들을 시험해 보고 그 요구 자체를 자신의 규율에 따라 변화시켜야 한다는 것이다[위의 III.1.]. 시대에 부합하는 사법은 또 다른 과제도 가지고 있는데, 사법의 특정 양식[위의 II.3.(2)]을 위협하는 요구에 대해서는 저항해야 한다는 것이다. 이 저항성은 사법권이 다른 국가권력과 다른 사회에게 빚지고 있는 채무, 즉 단지 사법권력만이 이행할 수 있고 시대적으로 절실한 채무일 수 있다. 여기서 말하는 채무는 힘과 용기를 필요로 하고, 또 안정적이며 열려 있는 국가질서 및 사회 질서를 위해 필수적인 조건이 되는 그런 채무이다.

자신의 본분[위의 II.3.(2)]을 스스로 인식하고 경청할 만하게 주장하는 사법권력이 없으면, 기본법에 의해 예정된 우리들의 헌정생활에서의 하모니에서 하나의 소리가 빠지는 셈이 된다(물론 하나의 소리가 모자라는 것도 여전히 잘못된 음색은 아닐 수 있다; 하지만 트럼펫 소리의 우세가 헌법이라는 전체 악보에 적합한 것은 아니다). 사법권은 헌법적 법치국가를 함께 이끌어 나가고, 헌법에 의거하여 자신이 맡은 부분의 역할을 수행해 나간다.

하지만 사법의 본분을 포기할 수 없는 것은 헌법적 삶을 위해서만은 아니다. 우리의 일상생활과 우리의 규범성 확인을 위해서도 사법이 앞서서 시범을 보여야 하는 것들은 — 형벌이론이 기대하는 것처럼 법적으로 보장된 행위규범을 확고히 한다는 의미에서 그리고 더 중요하게는 좋은 삶에 기여한다는 의미에서 — 중요하다. 일방적인 청구에 대한 거리 유지, 상충되는 이익의 형량, 다른 이의 권리에 대한 신중한 고려 및 심사의 철저함은 정당한 요구인 동시에 사실이다. 짧게 말해: 합법성은 삶의 구성요소로서, 빠른 효율성에 집중되어 있는 바로 이 시대[위의 II.3.(1)]에 필요한 것이다. 이 시대에는 바로 이것이 부족하며, 이는 사법권이 꼭 지녀야 할 책임이다.

무엇이 '합법성'을 뜻하는지를 법률가에게 상세하게 설명할 필요는 없다. 하지만 법률가들이 생각해 보아야 할 점이 있다. 어떻게 해서 그들이 오늘날 그들의 주변 환경에서 이러한 목표와 직업윤리를 만들어 낼 수 있는지를 생각해 보아야 하는 것이다. 근대성이 무엇인지에 대해 어떤 것이 올바른 대답인지를 논쟁할 때 사법은 자신을 귀담아 듣게 하지 못한다. 더불어, 시대의 추세가 사법에게 그리 유리하지 않다는 점도[위의 II.3.(1)] 그대로이다. 하지만 한층 더 인상적으로 사법은 적어도 개입은 해야만 한다. 그리고 이것은 단지 사법홍보실에 의해

서만 해서도 안 된다.

그보다는 오히려 사법권력은 논증적으로 더 이상 물러설 곳이 없다. 사법권력은 자신이 비싸고, 더디며, 통제가 덜 이루어지고, 장애물이며, 세계상과 이질적이라는 비난에 대해 힘 닿는 대로 방어하고 있다. 사법권력은 자신이 무엇을 위해 존재하는지를 – 당연하게도 – 이야기하지 않고, 사법이 방어하는 비난들이 행정주의적인 세계상을 통해 왜곡되어 있다는 점도 말하지 않고 있다: 예를 들어 경제라는 매개변수가 어떤 경우에도 모든 제도들의 전체적인 성과를 평가하는 데 충분하지 않다거나 또는 다툼이, 적절한 장소에만 투입된다면, 오히려 문제해결의 수단이 된다는 점 등이 말해지지 않고 있는 것이다. 침묵하는 사법은 사법권력을 그렇게 큰 스케일로 설계했던 기본법(위의 I.1.2)을 누릴 자격이 없다.

[4] 근본적인 개념, 인간존엄에 의한 논증

I. 이유와 결과

이 글에서 고찰하는 내용이 내가 행한 한 강연[1]에 그 출처를 두고 있음을 나는 부인하지 않는다. 그래서 학문적 텍스트에 대해 사람들이 마음에 품을 수 있는 기대를 두 가지 측면에서 만족시키지 못할 것이다: 첫째로, 나는 이 글을 일종의 심사틀에 끼워 넣는 대신에 마치 그것들이 점차 조금씩 내 머릿속에 떠오르는 것처럼, 그렇게 풀어 나갈 생각이다; 이렇게 하면 약간 혼란스러울 수는 있겠지만, 결국은 아마도 더 흥미롭지 않을까 싶다. 둘째로, 나는 이 글을 학술적인 것으로 만들거나 학술적으로 증명하지도 않을 것이다; 문헌인용을 하게 되면, 이미 일곱 번이나 강연을 듣지 못했던 청자와 독자들에게 단 하나의 작은 아이디어를 제공할 기회를 포기해야 할지도 모르기 때문이다.

이 두 가지 점은 다음과 같은 점을 초래할 수 있는데, 내가 말해야만 하는 것이 인간 존엄의 보호

1) 이 강연은, 약간 수정된 판으로 2005년 1월 트리어(Trier)에서 *에른스트 벤다(Ernst Benda)*에게 바쳐졌다.

에 대한 격렬한 논쟁의 장에 쉽게 융합할 수 없을 것이라는 점이다; 그래서 이 논쟁의 장을 어지럽힐지도 모르겠다.

또한 나의 근거들도 두 가지이다: 첫째로 인간존엄에 대한 논의를 공부하고자 하는 사람에게는 용기가 사라진다. 미로가 너무 두터웠을 뿐만 아니라, 오로지 논증의 도구로만 공간을 확보할 수 있기 때문이기도 하다. 그 밖에도 나에게는 항상 다음과 같은 점들이 은연중에 머릿속에 떠오른다. 그것은 바로 우리가 예를 들고 있는 인간존엄 원칙이 다른 근본원칙들보다도 더 궁극적인 것이고, 논증전략적 이해관계에 기울어지며, 그 설득력이 받아들여지고 있고, 잘 작동하고 있으며, 인간존엄 원칙이 없이는 상당히 약해져버릴 일련의 논증 고리 속에 머물러 있다는 점들이다. 이는 곧바로 논증적인 내용이 무엇인가, 그리고 우리가 인간 존엄이라는 토포스(정형화된 논증형식)를 통해 무엇을 할 수 있는가 하는 추가적인 질문을 불러일으킨다. 그리고 마지막으로: 인간존엄에 대해 이야기하기 위해 칼스루헤(Karlsruhe)로부터 여행 온 나는 내 책상과 상담실을 늘 염두에 두고 있어야만 한다; 그렇지 않으면 나는 가끔씩 그곳을 방문해야 할지도 모르기 때문이다. 왜냐하면 내 책상에는 변기가 분리되어 있지 않은 작은 방에 갇혀 있는 두 명의 수감자에 대한 서류 또는 경찰공무원에 의하여 유괴자의 법정진술을 뚜렷이 촉진하는 사안에 대한 서류가 놓여 있기 때문이다. 이러한 상황은 내용을 공표하지 말 것을 간절히 충고하고 있다. 또 이러한 상황은 내가 논증이론적 고찰과 그 결과물에 몰두하고 거기에서 실질적인 결론이 나오게 되는 가장 강력한 이유이기도 하다.

내 결과는 또 다시 두 가지 테제로 요약될 수 있다: 인간존엄 원칙에 대한 이 시대의 논증적 방식은 많은 맥락에서 논증이론적으로 오래된 것이다. 그리고 이러한 논증적 방식은 위험한데 – 특히 인간 존엄의 원칙 그 자체에 대해서 그러하다.[2] 하지만 이 말이 우리가 이 방식을 포기해야 한다는 의미는 아니다; 이는 우리가 논증적 방식을 더욱 면밀하고 신중하게 실현시켜야만 한다는 의미이다.[3]

Ⅱ. 깊은 곳 그리고 더 깊은 심연

인간존엄의 원칙은 그에게 통용되는 논증에 있어 각양각색의 문제들을 갖고 있다. 이 점은 모든 논증, 이를 테면 신학적, 철학적, 법학적, 혹은 정치학적 논증에서 정도의 차이는 있으나 마찬가지이다. 나는 우선 법학적 관점에 집중하고 상황에 따라 다른 영역으로 나아가겠다. 나는 세 가지 문제를 뽑아내었다; 이 세 가지 문제들은 서로서로 연관이 된

---

2) II.

3) III.

다: 첫째로 인간 존엄에 대한 이해는 다른 근본개념과는 달리 사회 변화와 함께 변화해 나갈 수 없다[4]; 따라서 둘째로 인간 존엄에 대한 이해는 우리를 연역적인 논증으로 유혹하고,[5] 그리고 마지막으로 인간 존엄에 대한 이해는 이질적이다.[6] 이 세 가지 문제점은 인간존엄을 규정한 우리 헌법이 용인하고 있는 상황에 의해 초래된 것은 아니지만, 그것에 의해 지지되고 있다.[7]

1. 다치기 쉬운 헌법

인간 존엄의 불가침성을 선언하고 모든 국가권력에게 인간 존엄을 존중하며 보호할 의무를 부과하는 독일 기본법(Grundgesetz) 제1조 1항[8]은 공동생활의 기본가치를 영구적이게 하려는 헌법의 시도이다; 직설법적 의미론과 규범적인 희망의 의미가 혼합된 그 언어적 형식 때문에 우리는 그 특수성에 주의하게 된다.

독일 기본법 제79조 3항[9]은 마지막 조치를 취

4) II.2.
5) II.3
6) II.4.
7) III.1.
8) 법조문은 다음과 같다: "인간의 존엄은 불가침(不可侵)이다. 이를 존중하고 보호하는 것은 모든 국가권력의 의무이다."
9) 법조문은 다음과 같다: "연방을 각 지방(支邦)으로 분할 편성하는 것, 입법에 있어서 지방의 원칙적인 협력 또는 제1조와 제20조에 규정된 원칙들에 저촉되는 기본법 개정은 허용되지 아니한다."

하고 인간 존엄에 관계될 수 있는 헌법 개정을 금지한다. 이는 용감하고 단호한, 그리고 대담한 입법이다. 헌법은 스스로 모험을 하고 있으며 그 끝을 약속하고 있다. 헌법이 자신의 “영속성의 보장” 안으로 집어넣은 기본원칙들이 어떠한 이유에서인지 더 이상 살아남지 못하게 된다면, 헌법은 더 이상 효력을 갖지 않을 것이다. 헌법은 자신의 운명을 그 기본원칙들에 결합시키고, 그 자신이 살아남는 것을 그 기본원칙들이 오래도록 지속되는 것에 좌우되도록 하며, 자신이 그 기본원칙들과 함께 죽을 것을 명령하고 있는 것이다. 이보다 더 강력하게 텍스트를 통해 기본원칙들을 보장할 수는 없다. 특정한 경험, 예를 들어 체계적 방식으로 인간을 억압했던 경험과 같은 것들을 어떤 상황에서도 더 이상 받아들이지 않고자 하는 단호함이 느껴진다.

제79조 3항은 헌법을 다치기 쉽게 만든다. 이 조항은, 가능한 한 기본법이 사회의 변화에 적합해지는 것을 금지한다. 또한 다음과 같은 일이 항상 일어날 수 있다: 이 헌법은 특정한 상황들에 관여해서는 안 된다는 것이다. 만약 사형제도의 포기, 노예제 추방 또는 여성의 선거권 보장이 법의 역사나 비교문화적 측면에서 볼 때 결코 선택사항이 아니고 또 아니었다는 점, 그리고 제79조 3항이 절대적으로 거부하고자 하는 것들은 법역사적으로나 비교문화적으로 볼 때도 결코 존재할 수 없는 일은 아

니라는 점을 의심한다면, 그건 대담한 일이다. 왜 이 중 하나 혹은 다른 것이 내일모레 우리에게 일어나서는 안 되는 일인가? 그리고 제79조 3항이라는 카드를 실제로 뽑아야 할 때는 무슨 일이 있을 것인가? 우리는 순수한 상징성, 즉 항상 단지 위협만 하는 것일 뿐이고, 또 그러한 위협을 항상 그대로 놔둘 뿐인 민족 교육적인 지침(역자 주: 제79조 3항을 비유적으로 뜻함)을 헌법에 두어서는 안 된다고 생각할지도 모르겠다. 하지만 그렇지 않다. 우리는 "영속성의 보장"을 진지하게 받아들여야 하고, 위급한 경우가 발생할 수 있는 있다는 점을 염두에 두어야 한다.

2. 사회의 변화

법 텍스트를 사회적 변화에 적합하게 하는 것을 부분적으로 금지하는 데에는, 논증의 실제에서 딜레마에 빠질 수 있는 그런 특정한 논증이론적 어려움이 있다. 우리는 이 점을 종교 텍스트를 통해 알고 있다. 종교 텍스트는 그것이 더욱더 명확하게 표현되고 더욱더 엄격하게 변화가능성을 부정할수록 그 텍스트를 적용하는 사람을 더욱더 압박하게 되고 최고의 궤변을 강요하게 된다; 변화할 수 없는 신성한 텍스트의 단어들이 그 모든 외관과는 달리 지금 이 곳에 적합한 것처럼 그대로 적용되어야만 하는 그런 곳에서보다 도그마틱이 섬세하게 짜여져 있는 곳은 없으며, 또한 그런 곳에서보다 해석기술이 그렇게 풍부하게 조탁(조각)되어 있는 곳도 없다. 규범 텍스트의 불변화성에 대한 기대는 규범 텍스트의 실제 적용을 복잡하고 번거롭게 만든다.

단정적인 성격의 텍스트를 해석하기 위해서는, 그 보완책으로 그런 텍스트가 거부하는 유연성을 창출해내야 한다. 왜냐하면 유연성은 구속력 있는 텍스트의 세계에 꼭 존재해야 하는 것이기 때문이다: 사회의 변화는 깊은 영향을 끼치고, 미리 예측할 수 없으며 저지할 수도 없다; 사회의 변화는 정신적·감정적 단면들을 포괄하고 있고, 단정적인 텍스트의 주위를 끊임없이 적시며, 그 텍스트가 아주 세련된 버팀목으로 지지되지 않는다면 사회의 변화는 결국에는 그 텍스트를 함몰시키게 된다. 그럼에도 불구하고 가장 고도의 해석기술에서도 항상 계산대로 맞아 떨어지는 것은 아니다: 우리는 해석학의 억지를 알아채게 되고, 곧 속았다는 의혹이 엄습한다; 왜냐하면 그런 억지의 도움으로만 — 이는 하나의 인상인데 — 그 텍스트는 아마도 시간을 초월한 구속력을 지킬 수 있기 때문이다.

이 개념으로부터 얻어내고 더 생각해 볼 점은 다음과 같다: 우리 독일 헌법과 같은 그런 헌법, 즉 헌법의 지시 중 어떤 부분들의 영속성이 보장되도록 하고, 헌법에 가능한 한 힘을 들여 헌법을 보장하기 위해 헌법이 사회의 변화에 부합하는 것을 배제하는 그런 헌법은 열려 있는 측면이 있다. 헌법은 그 위치에서 그를 둘러싼 삶과 정상적, 일상적으로 함께 성장해 나가기를 거부한다. 헌법은 해석이론적인 이물질을 받아들이고, 이 어울리지 않는 이물질이 그를 며칠 내 죽음으로 몰아갈 수도 있음을 감수한다.

이에 대해 많은 것들을 생각하고 이야기할 수 있겠다. 하지만 이는 논증에 관련된 것이지 중요한 사건, 즉 내용에 관한 것이 아니므로, 이러한 헌법은 해석문제를 가지고 있다는 점 정도만 확인해야 한다: 헌법은 자신을 혹사시키는 적용에 대항하는 저항력이 없다. "인간 존엄"을 인플레이션을 일으킬 정도로 다루지 말라는 통상적인 조언은 바로 이 점에서 이성적 의미를 지닌다; "인간 존엄"을 가지고 궁색한 논증을 강화시키고 깨뜨려진 논증고리를 안정화시키고자 하는 사람은 대화를 해칠 뿐만 아니라 인간 존엄이라는 구상 및 헌법까지도 해친다.

그가 대화를 해친다고 보는 이유는 그의 논증이 무게를 왜곡하기 때문이다; 논증 감수성이 있는 동시대의 사람은 "가치의 무법자"에서 "존엄의 무법자"로 되어버렸다며 한숨을 쉬게 되며, 이는 이 게임이 그 사이에 결국 기록된다는 것을 의미한다. 무엇보다도 인간 존엄으로 논증하는 그 사람은 얼마 되지도 않는 게다가 확실하지도 않은 승리를 위해, 헌법의 다치기 쉬운 연약한 부분을 위험에 빠뜨린다. 하나의 근본적인 원칙을 무의미한 맥락 속에 놓고서 그 가치를 평가절하하는 것이다. 인간존엄 원칙이 헌법의 영속성을 보장하는 극단적 상황을 위해 논증적으로 보존될 때에만, 인간존엄 원칙은 위급한 상황에서 필요한 그의 힘을 지켜낼 수 있다.

인간존엄으로 논증하는 사람들은 거의 논쟁 상대방의 일부분만을 본다. 그래서 방향을 전환하라는 좋은 조언은 전혀 아무런 성과도 내지 못한다. 이런 점은 실제 논증에서 늘 겪는 일이다. 바로 그렇기 때문에 우리는 삼가는 태도를 연습해야 하고 단지 모든 논증참여자들에게 잘못된 참여자(Falschspieler)를 표시하라고 강하게 요구해야 한다. 이는 적어도 올바른 방향으로 가는 첫 조치로는 충분하다.

3. 연　　역

영속성 보장, 영속성 보장에 의해 지정된 지위, 그리고 그로부터 근거지어진 인간존엄 원칙과 사회변화와의 불안정한 관계에는 더 나아간 논증적 부담이 연관되어 있다: 강제적인 것은 아니지만, 연역적 논증으로의 유혹이 있다. 이는 오늘날 풍부하고 사안지향적이며 계속적인 논쟁을 하는 데 중대한 장애가 된다.

연역은 발견과 논증의 과정에 적합한데, 이러한 과정은 형식적 연역뿐만 아니라 예를 들어 법학이나 도덕철학처럼 모든 곳에서 똑같이 선한 것은 아닌 그러한 세계와도 관련되는 것이다. 연역은 결과를 설명하는 데에는 적당하지만 결과를 만들어내는 데에는 적당하지 않다:

특정한 결과가 인간존엄에 합치하는지 아닌지를 마지막으로 찾아내기 전에, 우리는 추론할 뿐만 아니라 두루 살펴보기도 한다. 모든 가치평가의 결과는, 결과가 그로부터 단지 연역적으로 이끌어져 발전되었을 그런 개념이나 원칙에 이미 완성되어 담겨 있는 것이 아니다: 이런 희망은 예전에나 가졌던 것이다. 가치평가의 결과는 더 많은 것을 전제하고 있다. 즉, 개념과 원칙은 그 가치평가에 관련되는 사안과 어떤 연관관계에 놓이는데, 개념 속의 사안과 사안 속의 개념을 창조적으로 이해한다는 것이다. 그렇다: 이 둘은 서로가 서로를 본질적으로 규정한다. 이는 오래된 훌륭한 해석학이다; 그와는 반대로 엄격한 연역이 가르침을 줄 거라는 희망은 일종의 나쁜 자연법이다. 결과를 만들어낸 후 그 결과의 설명은 엄격히 연역적인 형식을 이용해도 무방하다; 그런 이용은 아무런 해를 끼치지 않을 뿐만 아니라 시간을 절약하고, 깊은 인상도 심어준다.

약한 논증을 인간존엄과 같은 원칙을 이용하여 강하게 만드는 널리 퍼진 전략과 함께[10)] 다음과 같은 널리 퍼진 경향도 설명될 수 있다. 인간존엄을 가지고 스스로 한 단계씩 논증하지 않고, 인간존엄을 싸움터에 두고 거기서 인간존엄 홀로 논증하게 놔두는 것이 그러한 경향이다: 방어능력을 가지고 있는 이 무적의 원칙이 어떻게 상대방을 무너뜨려 버리는지를 조용히 살펴볼 수 있다. 어떠한 주장을, 인간존엄의 원칙으로부터 나오는 의심없는/ 명백한/ 그리고 논쟁의 여지 없는 결과들로 설명해 내는 데 성공하기만 한다면, 그 이상은 생략할 수 있다. 이것은, "다른 것들을 죽여버리는 논증"을 이용한다고 비난될 수 있다. 사실을 말하자면: 때려 죽이는 것이 가치와 법을 찾기 위한 논증적 구상이 되어 버렸다. 그렇게 되면 사안의 정황과 가치평가 되어야 하는 상황을 정확히 통찰하는 능력은 엄격한 의미에서 불필요하게 된다; 인간 존엄의 원칙이 언급되면 모든 것이 준비되기 때문이다. 그 사안에서 잘 진전되지 않는 논증이 그 결과로 남는다. 왜냐하면 그 논증은 사안을 함유하는 성질을 강렬함으로 대체해 버리기 때문이다.

물론 모든 논증에는 연역이 있고, 모든 논증은 연역적으로도 논증한다. 논증이 연역적으로 귀납적 결론에 적절하게 연관되고, 구성요건과 정황이 서로 숙련되게 서로 발전될 때 논증은 성공한다. 논증이 실패하는 때는, 논증이 완전히 연역을 믿고 귀납적

10) II.2.

인 절차의 단계를 허용하지 않을 때이다. 이를 통해 논증이 사안으로 가는 길은 차단된다. 하지만 사안은 가치평가의 대상 그 이상이다; 사안으로부터 배울 점들도 있고, 사안에서 판결을 더 얻어낼 수도 있기 때문이다. 인간존엄 원칙은 더 능동적이고, 논증적 수사절차와 가치평가절차의 더 구체적인 부분이지, 멀리 떨어진 구름이 아니어서 거기서 결과들이 비 오듯 쏟아 내리지는 않는다. 얌전히 인간존엄을 원용하고 그로부터 자신의 결과를 연역해 이끌어내는 데에 한정된 사람은 자신의 논증적 의무를 행하지 않은 것이다.

4. 흐릿해짐

우리들의 도덕질서와 법질서에 그 윤곽이 인간존엄의 윤곽만큼이나 흐릿한 근본개념이 없다는 점은 결코 놀라운 일이 아니다. 그리고 인간존엄 원칙의 내용, 지위 그리고 일관된 결론에 대한 현재의 논쟁이 이 원칙 자체를 논증적으로 견고하게 만드는 작업을 거의 수행하지 않고 있다는 점도 결코 놀랍지 않다. 현재의 논쟁들은 오히려 자신을 혹사시키는 방향으로 전개되고 있다: 그러니까 각각의 논쟁들이 논증 전략적으로 자기 고유의 범위에 적합한 곳에서, 이 원칙의 결과에 대한 가시적인 고려를 하지 않은 채, 단지 부분장치들만을 분리하거나 설치하고 있는 것이다. 내 느낌으로는 인간존엄 원

칙을 성공적으로 살아남게 하는 노력을 하는 단계는 아직 시작되지 않은 것 같다:

결과와 해결방법에 대해 논쟁을 벌이는 것은 논증이라는 수프(soup) 속에 뿌려진 소금과도 같다. 어떤 개념의 올바른 위치는 어디인지, 또 어디에서는 그 개념이 잘못 자리잡고 있는지 하는 물음에 대해 의견이 일치할 수 없다는 점은 그리 걱정할 일이 아니다; 왜냐하면 우리가 그것을 모르는 한, 이런 개념을 받치고 있는 모든 논증에는 지향하는 범위와 신뢰할 만한 구조가 결여되어 있기 때문이다. 이런 불확실성이 계속되는 동안에는, 사람들이 그 위에서 계속 작업할 수 있는 그런 결과들을 기대할 수는 없다; 왜냐하면 그런 경우 결과들이란 단순히 우연 혹은 논증자의 힘겨운 노력에 기인한다는 것임을 결코 배제할 수 없기 때문이다. 짧게 요약하자면: 이러한 결과들은 나쁜 타협일 뿐이다. 하지만 오늘날 관찰할 수 있듯 논증하는 사람들의 결코 적지 않은 수가 인간존엄 원칙을 논증전략적으로 혹사시킨다면, 그리고 그가 분별없이 또는 나쁜 의지를 가지고 혼란을 일으킨다면, 이제 방향을 전환해야 할 이유가 충분히 존재한다.

이는 그것이 의미할 수 있는 것보다 더 부정적이고 흡사 더 개인적으로 들린다. 왜냐하면 인간존엄 원칙은 여기에서 불평되고 있는 비난을 스스로 자청하고 있으며, 그로 인해 우리 맥락에서 “전략”은

주관적으로가 아니라 객관적으로 이해되어야 하기 때문이다; 이 요청은 원칙의 막연함에 놓여 있는 것이 아니다; 우리는 도덕과 법의 수많은 근본개념들로부터 이 문제를 알고 있으며, 의미론적 노선을 흐릿하게 만드는 것을 방지하는 빈틈없는 전문적인 사전예방조치를 발전시켜 왔다. 아니다, 우리에게 인간존엄 원칙을 전달해주는 요청은 개념적 모호함을 넘어서 두 가지 특수한 메시지를 가지고 있다: 첫째, 이 원칙은 서로 구분될 수 없는 적용상황들을 포괄한다. 둘째, 그리고 이 원칙은 우리를 피할 수 없는 끔찍한 상태, 바로 공황상태로 이끈다. 이 두 가지는 면밀한 해석활동 및 이해활동에 유익하지 않다. 또한 이 두 가지는 우리가 그에 견줄 만한 상황에 의해 알 수 있는 것도 아니다. 우리는 도움이 될 만한 경험을 거의 가지고 있지 못하다.

내가 보기에는 인간존엄 원칙처럼 이질적인 적용례들을 통합하는 어떠한 기본원칙도 현재 윤리와 법에 존재하지 않는다. 위험한 물건, 의사표시 또는 성실 의무(Die Gebote der Loyalität)와 같은 개념이 명확히 적용되기 위해서는 복잡하고 다변화되고 경험이 풍부한 도그마틱이 필요하다; 법관은 음란물 개념을 성공적으로 정의하려고 하지 않더라도, 그럼에도 불구하고 그가 음란물을 접할 때 적어도 그것이 음란물임을 의심 없이 인식하는 정도는 기대할 수 있다: 일상적인 개념적용을 하는 그러한 사례들도처에서 규범을 그 적용 사안에 차근차근 구체화하고 이해할 기회가 있다. 반면 인간존엄 원칙은 공개 심리시 죄수에게 죄수복을 입게 하고 구인(拘引)하는 상황 또는 종(種)에 대한 공격으로 여겨지는 인간 복제와 같은 상황들을 포괄한다; 이 상황들에는 차이가 있다. 하지만 그럼에도 불구하고 당연하게도 이러한 상황에는 공통으로 놓여있는 것이 있다. — 바로 인간존엄과 관련된다는 점이다. 그리고 당연하게도 끈기 있는 논증을 통해서 공통의 것을 강조하고 그것을 이해하면서 관리해 나가게 된다; 하지만 이러한 일은 윤리와 법에서 행해지는 다른 해석보다도 소송에서 훨씬 적게 시도되며 결과도 훨씬 적게 달성된다.

인간의 동등한 대우를 침해하거나 친구간의 불신과 같은 나쁜 사례들과는 달리, 인간존엄을 침해하는 사례는 말하자면 그가 바라보아야 하는 사람들에게서 느끼는 공포와 혼란에 자연스럽게 결부된다. 나는 아부그라이브(Abu Ghraib) 교도소[역자 주: 후세인(Saddam Hussein) 정권 시절 이라크 최대의 정치범 수용소로 고문·처형 등으로 악명 높았던 교도소이다. 2003년 4월 이후 미군이 이라크인 구금 시설로 활용하고 있으며, 2004년 5월 이후 미군의 포로 학대가 폭로되며 주목받았다]와 그 유사한 것들에 대해서는 말할 것도 없고, 관타나모(Guantánamo)(역자 주: 미국은 9 · 11테러 이후 알 카에다와 아프가니스탄의 전 탈레반 정권에 연루된 외국인들을 대통령의 행정명령으로 구체적 증거

없이 쿠바 관타나모 수용소에 구금하고 있으며 수용 가능 인원보다 훨씬 많은 수의 사람들을 구금·방치하고 있어 인권침해 문제에 대한 논란이 일고 있다)의 포로들에게 표적을 붙이고 한데 모아 끈으로 묶어놓은 사진을 주체할 수 없는 공포의 감정으로 쳐다볼 수밖에 없다. 이는 대부분의 사람들이 동일하게 느낄 것이다. 이러한 감정은 다음과 같은 것이다: 이러한 감정은 그것이 확산되고 살아 있는 한 인간존엄의 보호를 돕는다. 왜냐하면 이러한 감정은 공포스러운 혐오에 대해 끊임없이 주의하고 방어하기 때문이다. 하지만 이러한 감정은 논증적 대화나 그 대화의 투명성 및 합리성에는 오히려 부담이 된다; 이러한 감정은 대화의 전문성인 냉정함과 거리두기를 위협하기 때문이다. 그럼에도 불구하고 논증적 대화는 그 짐을 짊어 메어야 하고, 이러한 감정은 논증적 대화의 적이 된다.

Ⅲ. 결　론

인간존엄의 원칙 없이 논증적으로 더 잘 해 나갈 수 있을지도 모른다거나, 혹시 우리가 사안에 더 가까이 있을지도 모른다거나, 아니면 우리 시대의 가슴 아프고 결정적인 문제에 대한 명확성과 의견일치에도 더 쉽게 도달할 수 있을지도 모른다는 이러한 문제들[11)]의 결과로부터, 언제 우리가 이 무거운 짐을 논증적으로 다시 어깨에 짊어져야만 할 것인지를 추론할 수 있는가?

1. 감축과 상대화

인간존엄으로 논증하는 것을 줄이고 또 논증들을 상대화함으로써 우리 논의가 효과 있게 되리라는 점은 내가 이미 밝혔다: 인간존엄 원칙을 그에 속하는[12] 두드러진 상황[13]에 제한시켜 활용한다면, 인간존엄 원칙은 근본적인 논쟁의 주변에 서게 될지도 모른다. 그리고 무엇이 올바른 길인지를 다툼으로써 사리(Sachhaltigkeit)와 투명성(Durchsichtigkeit)을 얻게 되고, 인간 존엄은 누구도 예상치 못했던 뜻밖의 구세주(deus ex machina)가 아닌, 단지 논증적 맥락의 한 부분으로서 등장하게 될지도 모른다.[14]

2. 정 착 화

인간존엄이 우리 법질서의 중심 원칙이라는 점을 포기한다는 것은 헌법정책적 가능성을 제외하고는 전혀 이성적이지 못한 선택일 것이다. 우리의 근본적인 논의를 쉽게 합리화하기 위해 논증에서 인간존엄을 가려버리는 것은 잘못된 방법일 것이다.

11) II.
12) II.2
13) II.1.
14) II.3.

기본법이 다치기 쉽다는 점[15]은 좋은 일이다. 인간 존엄은 거기서 자신이 활동할 지위를 얻었다. 우리의 일상에서는 우리 시대의 올바른 삶이 무엇이냐는 질문에 대해 좋은 대답을 제시해 줄 수 있는 반짝이는 별이 없다. 인간존엄 원칙은 구유럽의 선도적 문화에 살아 숨쉬는 핵심이다. 왜냐하면 그리스도교 및 계몽의 정치철학은 각각의 상이한 기초 위에서 인간 존엄을 시민사회의 지주 그리고 법치국가의 지주로 깊게 정당화하고 보장했기 때문이다. 오늘날 우리는 그것으로 살아가는 것이고 아마 내일도 마찬가지일 것이다.

인간친화적 문화와 인권친화적 문화를 깊게 정착시키고 단호하게 보장하는 방법은, 모든 사람이 자비롭고 은혜로운 신의 보살핌 아래에서 여자의 몸으로부터 태어난다고 하는 믿음 그것밖에 없다. — 군중의 한 부분으로서 또는 유(類)적 존재로서가 아니라 단 한 번 이 세상에 태어나는 개별자인 사람으로서 말이다. 그러한 믿음이 힘을 가지는 한, 인간의 불가침성은 다시 신에게 연결되고, 그 불가침성은 이러한 가장 높은 근원으로부터 인간의 가치와 그 존재를 얻는다. 그러한 믿음이 우리들의 경우에서처럼 그 힘을 잃어버린다 하더라도, 인간에 대한 우리의 생각과 일치하는, 비록 그것이 흐릿하긴 해도, 강렬한 인상을 지닌 전통의 반사된 빛은

15) II.1.

여전히 남아 있다.

계몽의 정치철학은 이러한 전통의 객관적인 유산임에도 불구하고 적합한 것이었다. 계몽의 정치철학은 그리스도교의 자연법이 끝난 이후 인간을 기독교 신자로서가 아니라, 가장 높은 입법자로 새롭게 구상해 냈다. 사회계약 이론은 인간을 내세웠다. 인간은 이제 법에 정복된 존재인 동시에 법을 만들 수 있는 존재이다. 자신이 의식한 상태에서 자연적 자유의 일부분을 포기하고 모든 사람들이 찬성할 수 있는 그런 질서에 찬성함으로써 법을 만들어 낸다. 시민이라는 지위에서 이러한 삶은 다른 인간을 개개인의 사람으로 승인함을 전제로 한다; 인간에게 — 계몽의 맥락에서 옮겨진 — 그리스도교적 전통보다 결코 적지 않은 논증을 나누어 준 철학적·정치적 인류학이 그 결과이다.

오늘날 인간존엄 원칙은 우리의 윤리문화 및 법문화의 본질을 이루는 기본원칙에 속한다. 이 기본원칙들은 우리가 마음대로 처분할 수 있는 것이 아니다: 또한 위급상황이나 큰 위험이 있어 실용적으로 현명하게 그 기본원칙들을 제한하거나 상황에 따라 뒤로 미루는 것이 권고될 때에도, 역시 이 기본원칙들은 불가침의 것이며 그러한 상황에 도움이 될 만한 형량 역시 불가능하다. 이것은 우리가 가끔 배운 것처럼 참고 견디기 어려운 것이다. 하지만 이는 자연법의 종말 이후 우리에게 남아 있는 단 하나의 규범적 지주이다. 이 지주는 우리에게 인간존엄과 논증적으로 교류하는 길을 안내해 줄 것이다.

3. 논 증

무엇이 "인간존엄"인가. 무엇이 인간존엄을 의미하는가. 인간존엄은 현실의 어떤 부분을 포괄하는가. 인간존엄은 다른 기본원칙들과 어떤 관계에 서 있는가. 인간존엄이 인류역사를 따르거나 그에 거스르면서 어떻게 변화되거나 다르게 나타나는가: 아무리 빨라도 "인간존엄"이라는 개념으로 논증한 후에나 우리는 이 모든 것을 알게 된다. 그 전에는 단순히 주장만 하거나 자신의 신봉을 표현할 수 있을 뿐이다.

논증은 작업이다. 논증은 다소간 전문적으로 이루어질 수 있고, 다소간 숙련되고, 미래를 내다보거나 경험이 일러준 것일 수 있다. 하지만 언제나 다음과 같은 점은 타당하다. 규칙, 원칙, 규범에 대한 이해는 다음과 같은 경우, 즉 세계를 그 규칙들과 알맞고 풍부한 관계 속에 넣고, 규칙과 세계를 서로 접근시키기 위해서 논증은 그 규칙이 지향하는 세계의 일부분을 함께 바라보는 경우에만 달성될 수 있다. 다음과 같은 점도 언제나 타당하다. 논증 작업에 의해 규칙뿐만 아니라 세계도 이전과 다르게 보인다는 점이다: 논증 작업은 진실을 창조하기 때문이다. 이 말의 의미는 예를 들어, 규율과 세계에 대한 논증 작업의 초기단계에서는 양자의 임시적인 것들만을 이야기할 수 있고, 항상 이야기하는 것들을 모두 영원한 것이라고 말할 수는 없다는 의미이다.

물론 무엇보다 다음과 같은 오래된 경험도 타당하다. 우리는 어떠한 특정 개념의 이해가 어제 그리고 오늘 (외관상) 확고한 핵심에 속할 때에는, 항상 내일에도 기초를 흔들 만한 그 어떤 것도 변화되지 않을 것임을 기대할 수 있다: 고권적 권리를 가진 자의 수감자에 대한 통지를 예로 들 수 있는데, 만약 수감자가 그의 진술을 변경하지 않을 때, 내일 "고문"을 하겠다고 위협하거나, 형사소송법 및 경찰법에서 금지된 것들을 가하겠다고 위협한다면, 수감자에게는 견딜 수 없는 고통이 더해질 것이다. 이런 경우에서 볼 수 있듯, 이는 사실 더 이상 희망할 수 있는 것이 아니다.

주의!: 이는 헌법의 영속성 보장[16)]에 반하는 논증이 아니다. 이는 그 곳에서 보호되는 원칙들이 지속적으로 놓여 있는 의미론의 기대에 반하는 논증이다. 인간존엄의 보호가 헌법에 의거해 절대 포기될 수 없다는 점은 항상 그대로이다; 하지만 이러

16) II.1., 2.

한 단호함이 동시에 다음과 같은 확신을 주는 것은 아니다. 우리가 삶에서 새로운 경험을 하게 될 때, "인간존엄"이라는 지위와 의미론에 대한 우리의 관점이 내일도 오늘과 같이 동일할 것이라는 확신 말이다. 또한 기본법 제79조 3항은 세계 및 경험과 연결되는 내용들을 가진 모든 규범적 원칙의 운명으로부터 인간존엄 원칙을 지킬 수 없다: 모든 규범적 원칙들이 발전의 가능성이 있다는 점, 규범적 원칙들은 그 지위와 의미론에서 역사적으로 구성된다는 점이 바로 규범적 원칙들의 내용이다. 영원히 안정적인 동시에 실질적인 규범성에 대한, 협의되지 않은 믿음만이 여기에 대안으로서 존재한다. — 이 믿음에는 최소한 칸트 이후의 시대부터는 어떠한 합리적 기초도 더 이상 존재하지 않는다.

내가 인간존엄의 지위와 의미론이 발전 가능성이 있고 논증상대적인 것이라고 여기는 것을 그대로 따르고자 하는 사람은 아직 마지막 발걸음을 내딛어야만 한다: 바로 실제 논증으로 나아가야 하는 것이다. 이 발걸음은 중요하며, 새로운 것으로 나아가는 것이다. 왜냐하면 실제논증은 집중적으로 씨가 뿌려지고 수확이 이루어지는 들판이기 때문이다: 복잡하고 기능이 우수한 도구들을 가지고, 복잡하고 조정된 일상 체계 및 비판 체계 속에서, 수백 년 동안 전승되고 체계화된 경험을 통해, 그리고 상상력이 풍부한 호기심을 통해. 신학으로부터 실질적인 철학을 거쳐 법학에까지 규범을 확정하는 실무는 스스로를 실천과학이라 표현하였고 세분화된 논증 프로그램을 내놓는다. 여기서 세분화는 그렇게 규범을 확정하는 실무가 항상, 자신의 존재 이유인 사람들: 바로 일반론자와 외부에 있는 자들과의 유대관계를 잃어버릴 위험에 처할 정도로 진행되어 있다.

내가 여기서 말하는 프로그램은 규범과 사안은 논증 작업 이전과 이후가 다르게 되는 그런 프로그램이다. 이 프로그램은 인간존엄에게 모양을 갖추게 하고, 규범 확정을 진지하게 행하는 사람들은 이 프로그램을 통과해야만 한다: 이 프로그램은 그런 사람들에게 진보를 허용해주고, 추상적이며 모호한 규범들에게 구체적인 실질을 가져다준다.

또한 나는 여기서, 내가 더 잘 접근할 수 있는 법학 도그마틱과 해석 기술에 국한하여, 단지 선택적으로 그리고 예시적으로만 그것을 납득시킬 수 있다. 나는 다음과 같은 점은 포기할 수 없는 것이라 생각한다. 나는 “인간존엄”의 의미에 대한 토론이 이 원칙의 큰 날개폭에 놀라 뒤로 물러설 것이 아니라, 오히려 이 날개폭을 이해할 수 있는 기회로서 결코 포기할 수 없는 것이라 생각한다. 그래서 존엄을 해치는 조건 하에 있는 수감자들은 반드시 꼭 “인류(人類)”의 본질을 형성하는 것이 무엇인지를 질문해 보아야만 할 것이다. 나는 전문적 시험 기술, 전문적 구분 기술 및 전문적 논증 기술에 대해 언급하려 하는데, 이 기술은 이미 많은 상황에서 실무적으로 도달되어 있는 대답을, 인간존엄 원칙으로 가는 가시밭길 저 편에 이미 준비해 놓는다 — 예를 들어 수감자를 공개 구인(拘引)할 때 죄수복을 입게 하는 것이 필수적이지 않고 비례성이 없는 상황일 때 그러하다. 왜냐하면 교도소는 그에 대해 어떤 이성적인 근거도 댈 수 없기 때문이다; 우리는 이런 대답에 만족해야만 하고, "인간존엄"을 판결의 척도로 사용해서는 안 된다.

관대하게 처벌되었던 프랑크푸르트의 다슈너(Daschner) 판결(역자 주: 2004년 독일 프랑크푸르트 부경찰청장 다슈너가 경찰관에게 살인 용의자에게 고문 위협을 가할 것을 강요한 죄로 기소되었던 판결)에서 논의되었던 충분한 논증은, 지방법원의 판결을 비판하기 전에 먼저, 불법과 책임의 확정과 양형을 형법적으로 구별해야 한다는 것이다. 오직 첫 번째 절차(불법 및 책임)만이 형법적 행위명령의 규범을 확인하는 것과 관계가 있다(그러니까 "고문", "정당화", "긴급구조"[17] 또는 "금지착오"[18]와 관계있다). 반면 두 번째 절

---

17) 독일형법(StGB) 제32조는 이러하다:
"① 정당방위에 의한 행위를 한 자는 위법하게 행위한 것이 아니다. ② 정당방위는 자기 또는 타인에 대한 현재의 위법한 공격을 면하기 위하여 필요한 방위행위이다."

18) 독일형법(StGB) 제17조는 이러하다:
"행위자가 행위시에 불법을 행한다는 인식을 결한 경우, 이러한 착오를 회피할 수 없었던 때에는 책임 없이 행위한 것이다. 행위자가 이러한 착오를 회피할 수 있었던 때에는 … 그 형을 감경할 수 있다"

차(양형)에서는 상황성 및 개별성으로부터 나오는 기준이 중요하다; 그럼에도 불구하고 우리는 결국엔 그 판결을 비판할 수 있다(왜냐하면 예를 들어 지나치게 신중한 형사부의 두 번째 절차는 시민의 눈에 보이기로는 첫 번째 절차에서 확인했던 고문 금지라는 규범의 가치를 상대화하기 때문이다). ― 하지만 적어도 대담하게 "고문"이나 "인간존엄"과 같은 표제어를 취하는 방법으로 비판해서는 안 된다. 근본적이고 세분화된 인간존엄 원칙에 부합하는 방법을 통해서만 비판할 수 있다.

Ⅳ. 요 약

인간존엄을 보호하는 것은 우리 헌법의 인격적 핵심이다. 인간존엄 보호는 기본권의 "영속성을 보장"하는 것으로 이해된다. 인간존엄의 보호 역시 거기에 속한다: 인간존엄 보호는 "구 유럽"의 선도적 문화의 한 지주이고, 그리스도교의 전통에 깊게 뿌리박고 있으며, 계몽의 정치적 인류학이다.

이와 같은 지위는 인간존엄 논증을 특수한 어려움에 처하게 한다. 영속성 보장은 인간존엄을 끊임없는 사회변화의 발전으로부터 괴리시키고, 인간존엄을 고립시킨다. 기본 원칙의 근본적인 지위는 그 자신을 혹사시키는 취급을 야기한다. 이는 기본원칙을 손상시키고 헌법도 손상시킨다.

결함을 제거하는 방법은 명확하다: 인간존엄이라는 기본원칙을 원용하는 것은 자신의 근본성이 적합한 그런 상황에서만 의미가 있다; 작은 부분들의 연관에서는 이러한 원용이 적합하지 않다. 인간존엄이 문제될 때 논증은 귀납적으로 개별 상황의 구체적 사정을 끌어들여야 한다; 연역적인 추상성은 더 이상 설득력이 없다. 또한 인간존엄으로 논증하려면 신학부터 철학에 걸쳐 법학에 이르기까지 근대의 규범과학이 고안해온 특수화되고 구체화된 논증 규칙들을 사용해야 한다.

이미 말했듯이: 인간존엄 원칙을 논증적으로 숨기거나 가릴 필요는 없다. 반대로 이 원칙을 논증적 방식으로 존경하고 강화할 이유 및 그 가능성들은 많다.

찾아보기

《저자 약력》

독일 헷센주 정보보호관
독일연방헌법재판소 재판관
그리스 아리스토텔레스 대학, 브라질 리오 데 자네이로 연방대학, 포르투갈 리스본 루지아다 대학, 스페인 세빌랴의 파블로 드 올라비데 대학 명예박사 수여
현재 프랑크푸르트 대학교수, 독일 연방헌법재판소 부소장

《역자 약력》

이상돈

고려대 법과대학 졸업
독일 프랑크푸르트 대학 법학 박사
현재 고려대 법과대학 정교수, 기초법연구센터 소장, 법무대학원 부원장

주현경

고려대 법과대학 졸업
독일 프랑크푸르트 대학 박사 과정에 재학중
고려대 법학연구원 연구원

정치와 헌법 – 입헌민주주의의 기초 –

2006년 1월 2일 초판인쇄
2006년 1월 5일 초판발행

저 자 빈프리트 하쎄머
역 자 이상돈·주현경
발행인 이 방 원
발행처 세창출판사
서울 종로구 교남동 47-2
전화 723-8660 팩스 720-4579
E-mail: sc1992@empal.com
Homepage: www.sechangpub.co.kr
등록 1990. 10. 8. 제2-1068호(윤)

정가 10,000원

ISBN 89-8411-135-X 93360